꽃 자수에 홀리다

MORI REIKO NO HANA ZUKUSHI SHISHYU by Reiko MORI
ⓒ Reiko MORI 2014, Printed in Japan
Korean translation copyright ⓒ 2014 by CYPRESS
First published in Japan by Apple mints
Korean translation rights arranged with E&G CREATES
through Imprima Korea Agency.

이 책의 한국어판 저작권은 Imprima Korea Agency를 통해
E&G CREATES와의 독점계약으로 싸이프레스에 있습니다.
저작권법에 의해 한국 내에서 보호를 받는 저작물이므로
무단전재와 무단복제를 금합니다.

자유롭게 수놓는 꽃 자수 80점

꽃 자수에 홀리다

모리 레이코 지음 | 김현영 옮김 | 헬렌정(최수정) 감수

싸이프레스

Prologue

2000년 4월에 문을 연 자수 공방 〈Love Letter〉……

이곳에서의 자수 수업은 이 책의 표지이기도 한
작은 꽃들로 장식된 드레스에서부터 시작되었습니다.
"자수의 기본 기법을 어떻게 하면 즐겁게 익힐 수 있을까?
단순한 샘플은 재미가 덜할 텐데……."
이런 생각 끝에 탄생한 도안이었지요.
그런데 어느 순간부터 이 도안이 제 자수 수업의 상징이 되었습니다.
이 작품을 완성해보고 싶어 하는 많은 분들을 위해
지정된 수업 외에 몇 번 이상 추가 수업을 진행할 정도였지요.
표지에서는 타원형의 둥근 상자를 만들어 소개하였지만
실제 수업에서는 반짇고리 파우치, 바늘집, 가위집 등
다양한 작품으로 선을 보이고 있습니다.
그래서인지 많은 분들이 이 수업을 참 좋아해 주십니다.
앞으로도 여러분의 웃는 얼굴을 많이 볼 수 있도록
계속해서 자수 도안에 대한 고민을 이어나가겠습니다.

모리 레이코
www.loveletter2000.com

Contents

Prologue 5

petite fleur 작은 꽃들
꽃 드레스 9
액세서리 & 부케 10
작은 꽃들 11

mariage rose 웨딩 드레스
웨딩 드레스 13
웨딩 소품 16
부케 17

flower print 아카시아백
아카시아 백 20
아카시아 꽃 21
장미 24
제비꽃 25
데이지 28
계절 따라 피는 꽃들 29

flower garden 꽃으로 뒤덮인 정원
아이비 하우스 32
덩굴장미, 등꽃, 아이비 33
은방울꽃 향낭 36
데이지, 아카시아, 장미 37
클로버 40
관동화 41

favorite things 좋아하는 것들
오후의 티타임 44
커피잔 세트 45
토슈즈 48
에펠탑 49
화장대 52
앤티크 의자 53

flower alphabet 꽃으로 수놓은 알파벳
꽃 이니셜 56
작은 새와 알파벳 60

japanese traditions 일본의 전통문화
차단지와 차선 64
다구 65
기모노 68
일본의 전통소품들 69

Material Guide
자수 실에 관하여(색상표 포함) 72

Basics
재료와 도구 76
기본 테크닉 77

How to Stitch
책에 활용된 기본 스티치 78
그 밖의 스티치 82

- 표지에 실린 작품은 p.74에 만드는 방법이 나와 있습니다. 목차 페이지 하단에 실린 작품은 참고용입니다.
- 이 책에 실린 작품에는 'Anchor 25번 면사'와 'Anchor ophir(Lame)사'를 사용했습니다.
- 자수 실에 관한 정보는 p.72~p.73을 참조하세요.

petite fleur
작은 꽃들

작은 꽃들이 가득 들어찬 화려한 드레스.
이 옷을 입고 어디를 갈까요?
바라만 보아도 행복해지는 특별한 옷이랍니다.

petite fleur 꽃 드레스

*petite fleur*에서 서리 & 부케

petite fleur 작은 꽃들

mariage rose
웨딩 드레스

하얀 장미꽃으로 뒤덮인 근사한 웨딩 드레스,
섬세한 레이스 장갑과 부케,
베일로 몸을 감싸면
영화 속 히로인이 될 수 있을 거예요.

petite fleur
꽃 드레스 액세서리&부케

Photo > PAGE 9,10

자수 도안
- 아래의 도안은 자수 방법을 설명하기 위해 실물 크기 도안을 확대한 것입니다(실물 크기 도안은 p.54 참조).
- 숫자는 실의 번호, ○안의 숫자는 실의 올 수입니다. 올 수를 지정해 두지 않은 기법은 모두 1올로 수놓으세요.
- 특별한 설명이 붙어 있지 않은 윤곽선은 아우트라인 S.① Anchor ophir 301로 수놓으세요.

작품에 관하여
꽃 드레스, 액세서리, 부케의 도안에는 p.11의 '작은 꽃들'이 들어 있어요. 도안에 사용한 꽃들을 [A]~[L]의 기호로 표시했으니 수를 놓는 방법과 배색은 p.15를 참조하세요.

포인트
먼저 큰 꽃인 A·C·E·F·G를 수놓고 나서 K·H·I로 면을 채우세요. 이어서 빈 공간을 메우듯이 작은 잎(레이지 데이지 S.)을 넣어 주고, 마지막으로 Anchor Lame 실로 윤곽선을 수놓으세요.

꽃 드레스에 사용한 실
Anchor 25번 면사…
- 분홍색 계열(85·86·87·103)
- 보라색 계열(108·1030)
- 노란색 계열(292·295·297·307)
- 초록색 계열(259·265·843)
- 파란색 계열(117·176·128)
- 흰색(1)

Anchor ophir 은사(301)

가방에 사용한 실
Anchor 25번 면사…
- 분홍색 계열(85·86·87·103)
- 보라색 계열(108·1030)
- 노란색 계열(292·295·307)
- 초록색 계열(264·265·267·843)
- 파란색 계열(117)
- 흰색(1)

Anchor ophir 은사(301)

구두에 사용한 실
Anchor 25번 면사…
- 분홍색 계열(85·87)
- 보라색 계열(1030)
- 노란색 계열(292·307)
- 초록색 계열(264·265·843)
- 파란색 계열(117·176)

Anchor ophir 은사(301)

※향수병과 부케에 사용한 실은 p.54 참조

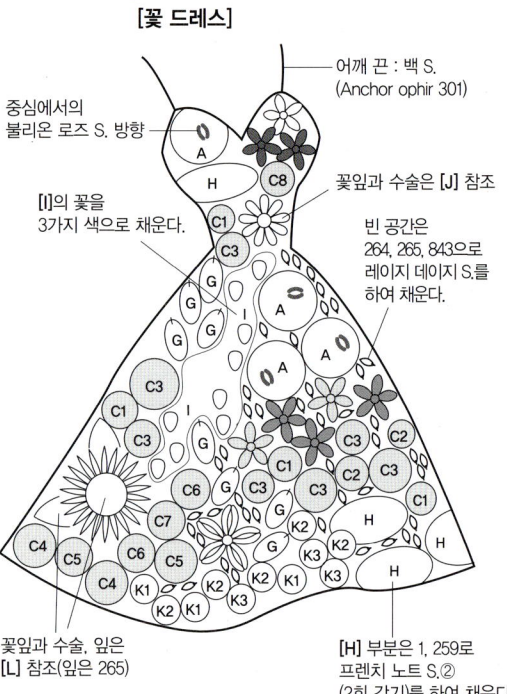

Ⓐ 꽃과 잎은 [A] 참조
꽃 옆의 잎은 843으로 레이지 데이지 S.를 1~2개 해주세요.

Ⓒ 꽃은 [C] 참조, 배색은 아래와 같아요.
C1:1030 C5:86
C2:109   C6:85
C3:108   C7:103
C4:87   C8:292

 꽃잎과 수술은 [E] 참조

꽃잎과 수술은 [F] 참조, 그 밖의 배색은 아래와 같아요.
- 꽃잎:117, 수술 297
- 꽃잎:295, 수술 307
- 꽃잎:292, 수술 307

Ⓖ 꽃과 꽃받침은 [G] 참조, 꽃 아래쪽에 265로 꽃받침을 수놓으세요.

Ⓚ 꽃은 [K] 참조

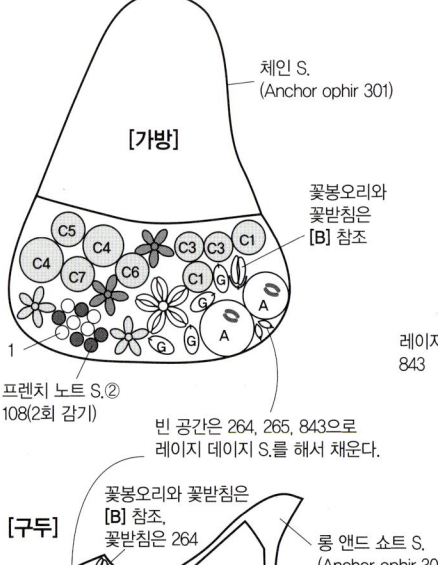

petite fleur
작은 꽃들

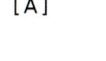
Photo > PAGE 11

실물 크기 자수 도안
• 숫자는 실의 번호입니다. ○안의 숫자는 실의 올 수이며, 지정한 수 외에는 모두 1올로 수놓으세요.

[A]
꽃 : 불리온 로즈 S.
중심부터
87(6회 감기)
86(10회 감기)
85(12회 감기)
103(14회 감기)
※자수 방법은 p.47 참조
잎 : 레이지 데이지 S.②
꽃받침 : 플라이 S.②
줄기 : 백 S.②
※줄기, 잎, 꽃받침은 267

[B]
꽃봉오리 : 불리온 로즈 S. 87(15회 감기)
꽃받침 : 플라이 S. 267
줄기 : 백 S.② 267
잎 : 레이지 데이지 S.② 267

[C]
꽃 : 버튼홀 휠 S.
87 103
잎 : 레이지 데이지 S.② 264
85
103 86

[D]
꽃 : 스트레이트 S.를 같은 곳에 2번 수놓는다.
잎 : 새틴 S.② 265
②1030
②176
줄기 : 백 S.② 265

[E]
꽃잎 : 불리온 데이지 S. 117 (24~26회 감기)
잎 : 레이지 데이지 S.② 264
수술 : 프렌치 노트 S. 295(2회 감기)
줄기 : 백 S.② 264

[F]
줄기 : 백 S.② 265
꽃받침 : 새틴 S. 265
수술 : 프렌치 노트 S. 295(2회 감기)
꽃잎 : 176
잎 : 265
※꽃잎과 잎은 레이지 데이지 S.②

[G]
꽃 : 오이스터 S.② 1
꽃받침 : 플라이 S.② 267

[H]
모두 프렌치 노트 S.②
(2회 감기)
108
1
1
259

[I]
모두 저먼 노트 S.②
176
128
117

[J]
꽃잎 : 레이지 데이지 S.② 1
꽃받침 : 새틴 S.② 265
수술 : 프렌치 노트 S.② 295(2회 감기)
줄기 : 백 S.② 265
잎 : 레이지 데이지 S.② 265

[K]
꽃 – 반박음질의 반복으로 스미르나 S.를 놓는다.
그 안에 프렌치 노트 S.②(2회 감기)를 해주세요.
K1 : 바깥쪽 1, 중심 292
K2 : 바깥쪽 292, 중심 297
K3 : 바깥쪽 295, 중심 297
잎 : 레이지 데이지 S.② 264

[L]
꽃잎 : 불리온 데이지 S. 297(10~12회 감기)
수술 : 프렌치 노트 S. 307(2회 감기)로 채운다.
잎 : 리프 S. 267

mariage rose 부케

mariage rose
웨딩소품
Photo > PAGE 16

자수 도안
- 숫자는 실의 번호. ○안은 실의 올 수입니다.
- 'Anchor ophir을 풀어서 ○올'은 ○올로 이루어진 실을 풀어서 지시한 올 수만 사용하라는 뜻입니다(p.77 참조).

사용한 실
Anchor 25번 면사…
  베이지 계열(366 · 926)
  갈색 계열(359)
  초록색 계열(259 · 265)
  회색 계열(401)
  흰색(1)
Anchor ophir…
  금사(300)
  은사(301)
재봉사 60번…
  흰색 1개
  은사(301)

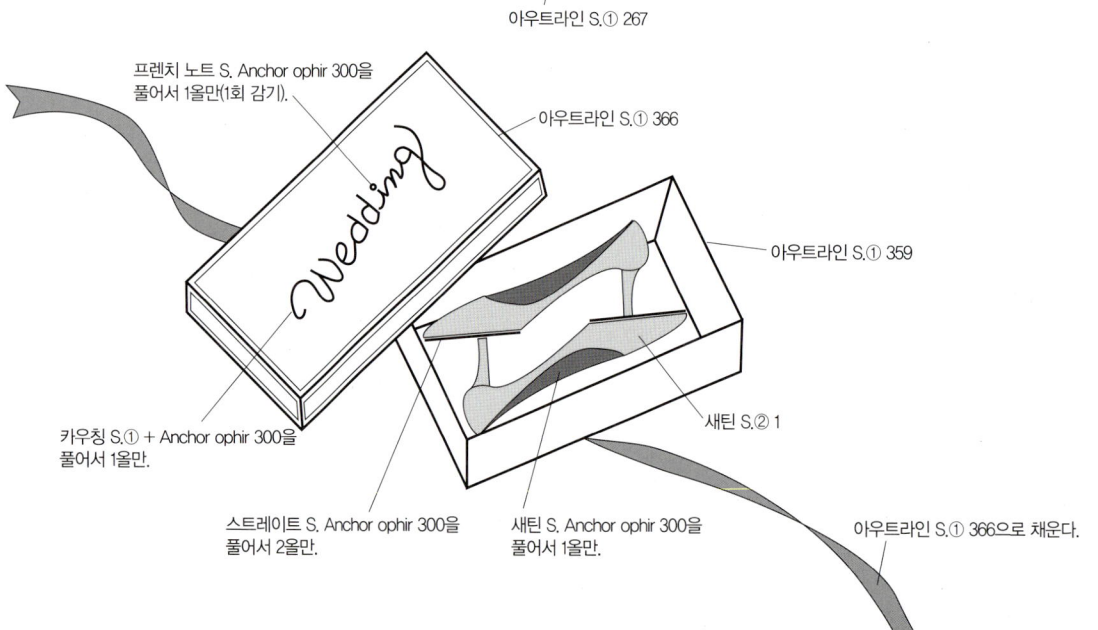

mariage rose

부케

Photo > PAGE **17**

자수 도안
- 숫자는 실의 번호. ○안은 실의 올 수입니다.
- 'Anchor ophir의 풀어서 ○올'은 ○올로 이루어진 실을 풀어서 지시한 올 수만 사용하라는 뜻입니다(p.77 참조).

데이지 부케에 사용한 실
Anchor 25번 면사…
  흰색(1)
  노란색 계열(297)
  초록색 계열(267)
Anchor ophir 은사(301)

장미 부케에 사용한 실
Anchor 25번 면사…
  흰색(1)
  초록색 계열(259)
  베이지 계열(926)
Anchor ophir 금사(300)

부들레야 부케에 사용한 실
Anchor 25번 면사…
  흰색(1)
  초록색 계열(246 · 257)

부바르디아 부케에 사용한 실
Anchor 25번 면사…
  흰색(1)
  초록색 계열(259)
Anchor ophir 은사(301)

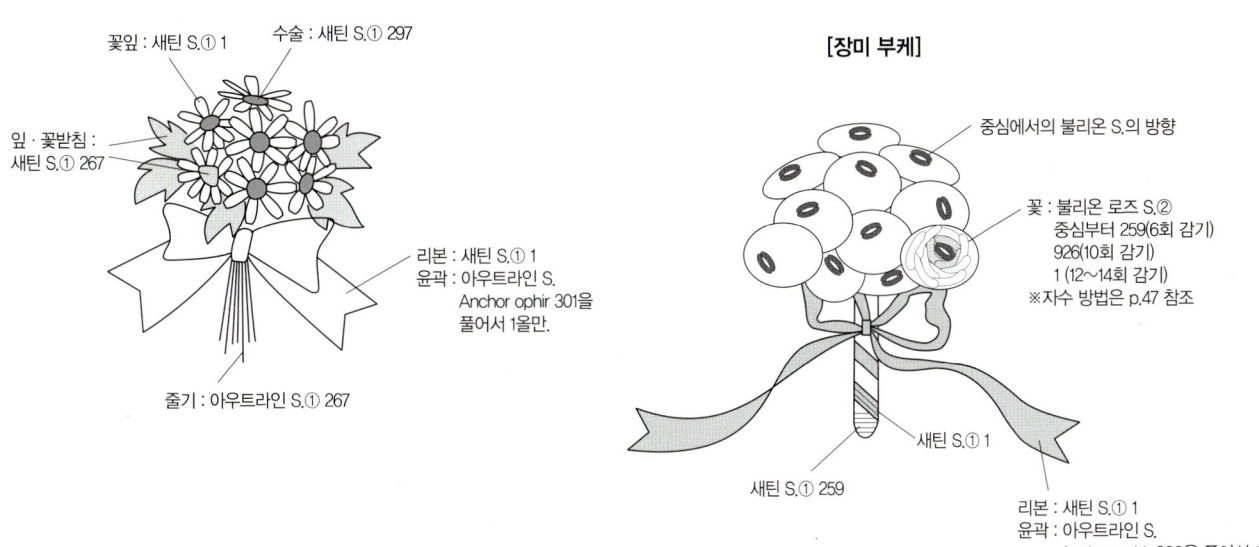

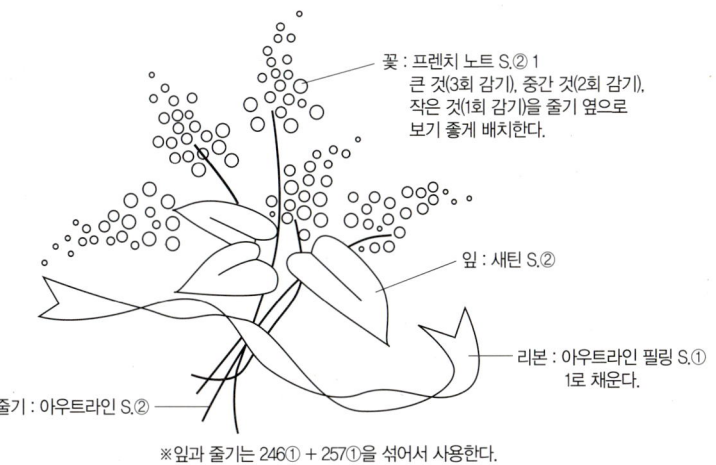

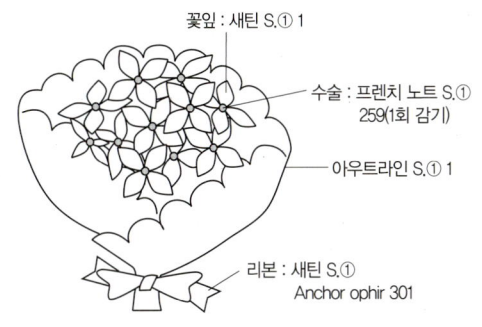

flower print
아카시아백

사랑스러운 작은 꽃으로 한 면 가득 채운 자수 꽃 가방이에요.
가방 하단에 실제 프린트된 천처럼 작은 색상 차트까지
곁들였더니 더욱 재미있고 그럴듯한 가방처럼 보이지 않나요?

flower print
아카시아백

Photo > PAGE 20

사용한 실

Anchor 25번 면사…
  노란색 계열(292·295·297)
  초록색 계열(258·268)
  갈색 계열(1088)

부재료

천 1(엷은 황갈색 리넨 / 가방 겉감·손잡이)…
  폭 75cm×35cm
천 2(노란색 리넨 / 안감)…폭 45cm×30cm
접착 심지…폭 45cm×30cm
손잡이 심지…굵기 0.8cm×70cm

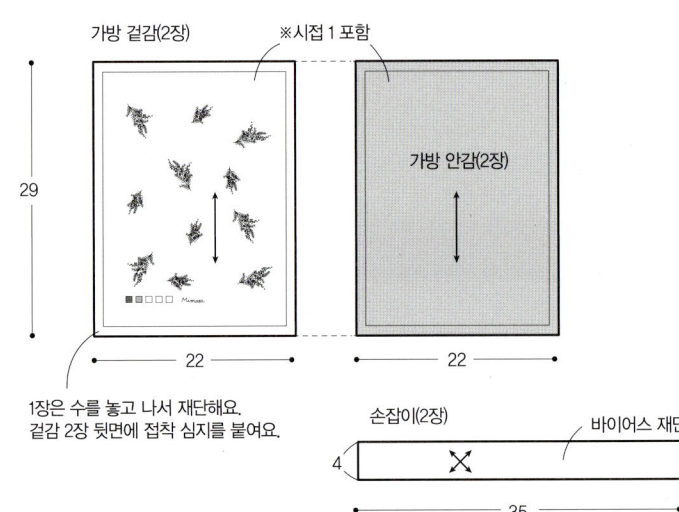

[재단하기]

[가방 만드는 방법]

1. 손잡이를 만들어요.

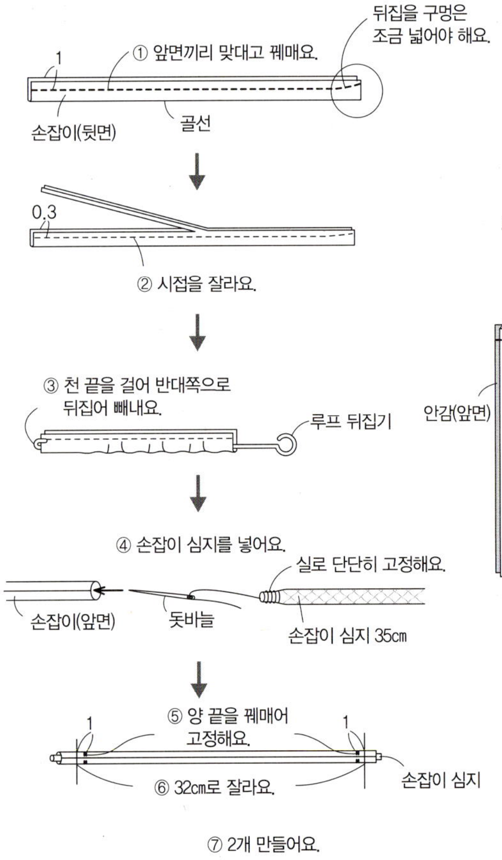

2. 겉감과 안감을 봉합해요.

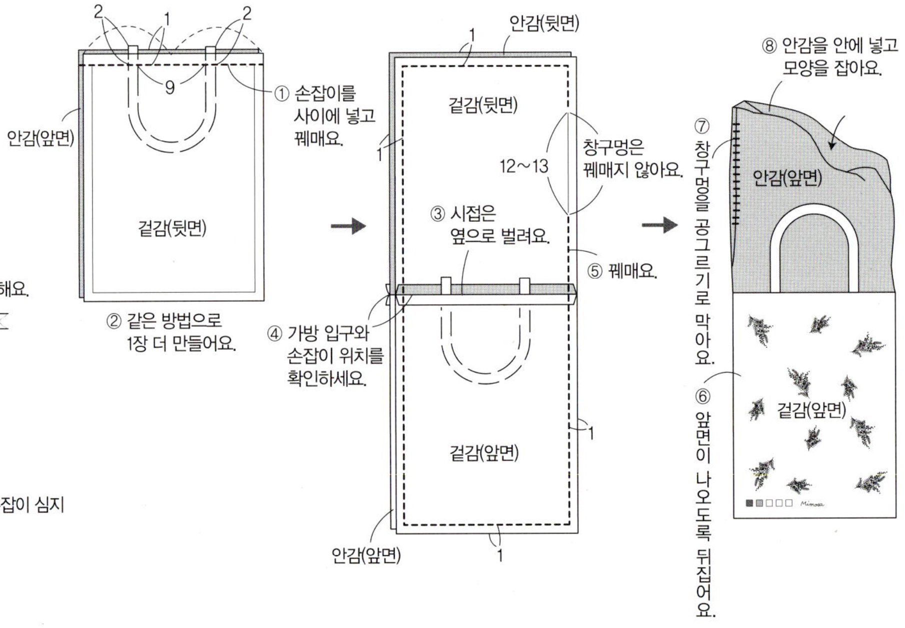

flower print
아카시아꽃

Photo > PAGE 21

자수 도안
- 숫자는 실의 번호입니다. ○안은 실의 올 수이며, 이렇게 지정한 수 이외에는 모두 2올로 수놓으세요.

프렌치 노트 S. 292 ○
295 ◐
297 ●

(꽃무리 끝 쪽은 1회 감기, 줄기 쪽은 2회 감기)

사용한 실
Anchor 25번 면사…
노란색 계열(292·295·297)
초록색 계열(258·268)
갈색 계열(1088)

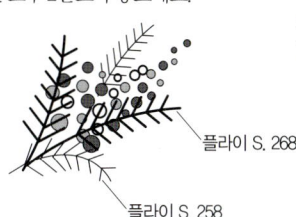

플라이 S. 268
플라이 S. 258

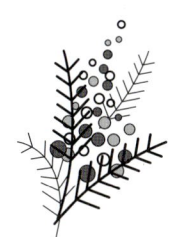

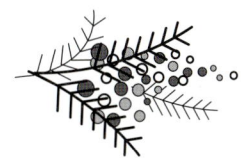

※네모 안은 모두 새틴 S.①

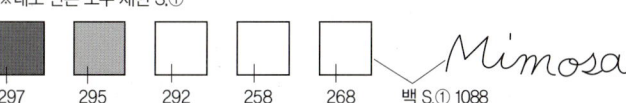

297　295　292　258　268　백 S.① 1088

Mimosa

flower print

장미

Photo > PAGE 24

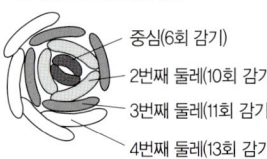
불리온 로즈 S. 감는 횟수
- 중심(6회 감기)
- 2번째 둘레(10회 감기)
- 3번째 둘레(11회 감기)
- 4번째 둘레(13회 감기)

※실 색이 바뀌어도 감는 횟수는 왼쪽과 똑같아요.

자수 도안
• 숫자는 실의 번호입니다. ○안은 실의 올 수이며, 이렇게 지정한 수 이외에는 모두 2올로 수놓으세요.

사용한 실
Anchor 25번 면사…
분홍색 계열(85·86·87·103)
초록색 계열(281·924)
갈색 계열(944·1088)

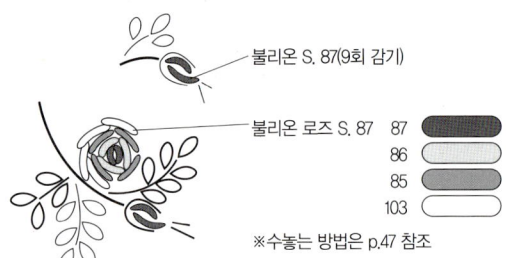
불리온 S. 87(9회 감기)
불리온 로즈 S. 87   87
                    86
                    85
                    103
※수놓는 방법은 p.47 참조

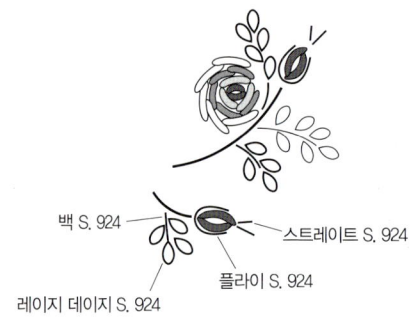
백 S. 924
레이지 데이지 S. 924
플라이 S. 924
스트레이트 S. 924

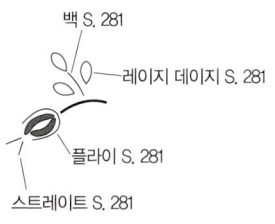
백 S. 281
레이지 데이지 S. 281
플라이 S. 281
스트레이트 S. 281

백 S. 944

※네모 안은 모두 새틴 S.①   백 S.① 1088

   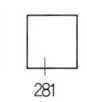 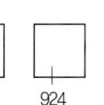 
87 86 85 103 281 924 944

Rose

flower print
제비꽃

Photo > PAGE 25

자수 도안
- 숫자는 실의 번호입니다. ○안은 실의 올 수이며, 이렇게 지정한 수 이외에는 모두 2올로 수놓으세요.
- 지정한 스티치 이외에는 모두 새틴 S.입니다.

사용한 실
Anchor 25번 면사…
　보라색 계열(92 · 111 · 112)
　초록색 계열(268)
　갈색 계열(1088)

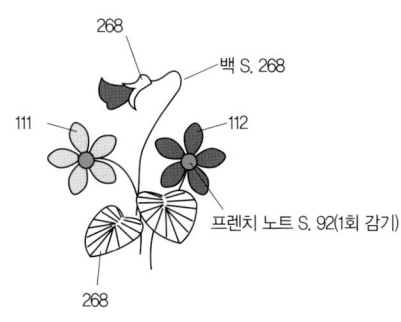

268
백 S. 268
111　112
프렌치 노트 S. 92(1회 감기)
268

※네모 안은 모두 새틴 S.①　　백 S.① 1088

112　111　92　268

Violet

flower print
데이지

Photo > PAGE 28

자수 도안
- 숫자는 실의 번호입니다. ○안은 실의 올 수입니다.
- 지정한 스티치 이외에는 모두 새틴 S.입니다.

사용한 실
Anchor 25번 면사…
흰색(1)
노란색 계열(297)
초록색 계열(267·268)
갈색 계열(1088)

플라이 S.② 268　　플라이 S.② 267

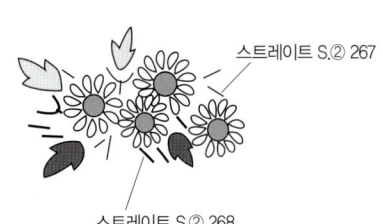

스트레이트 S.② 267

스트레이트 S.② 268

①297
①267
①268
①1

백 S.① 1088

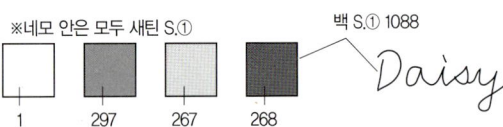

※네모 안은 모두 새틴 S.①

| 1 | 297 | 267 | 268 |

Daisy

flower print
계절 따라 피는 꽃들

Photo > PAGE 29

자수 도안
- 숫자는 실의 번호입니다. ○안은 실의 올 수입니다.
- 지정한 스티치 이외에는 모두 새틴 S.입니다.

사용한 실
Anchor 25번 면사…
- 노란색 계열(292·295·297·307)
- 분홍색 계열(85·86·87·103)
- 보라색 계열(92·111·118)
- 초록색 계열(258·267·268·281)
- 갈색 계열(358)
- 흰색(1)

백 S.② 267 — 버튼홀 S.① 1
②267 ②268

플라이 S. ② 295, 안쪽은 스트레이트 S.②로 채워요.
백 S.② 267
버튼홀 휠 S. ② 307
아우트라인 S. ② 267
버튼홀 S.② 307

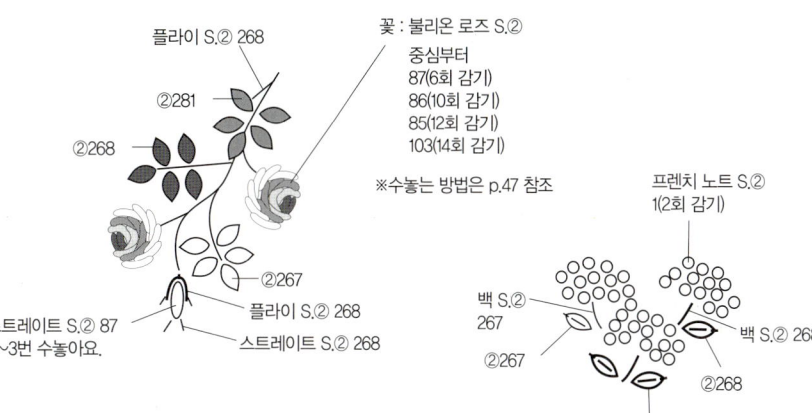

플라이 S.② 268
②281
②268
②267
스트레이트 S.② 87 2~3번 수놓아요.
플라이 S.② 268
스트레이트 S.② 268

꽃 : 불리온 로즈 S.②
중심부터
87(6회 감기)
86(10회 감기)
85(12회 감기)
103(14회 감기)
※수놓는 방법은 p.47 참조

프렌치 노트 S.② 1(2회 감기)
백 S.② 267
백 S.② 268
②267
②268
잎은 레이지 데이지 S. 안에 스트레이트 S.를 한 번 수놓아요.

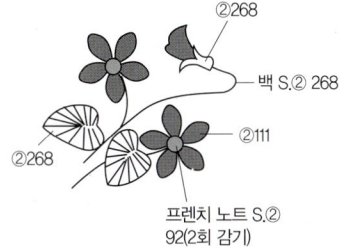

②268
백 S.② 268
②268 ②111
프렌치 노트 S.② 92(2회 감기)

백 S.② 268
②268
불리온 S.② 118 (4회 감기)
꽃의 가장 아랫단 끝에 스트레이트 S.② 1을 겹치듯 수놓아요.

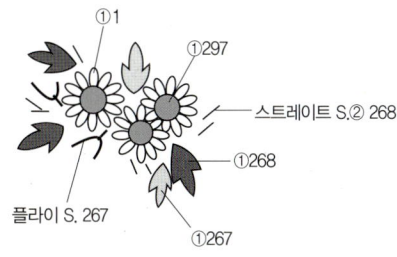

①1 ①297
스트레이트 S.② 268
①268
플라이 S. 267
①267

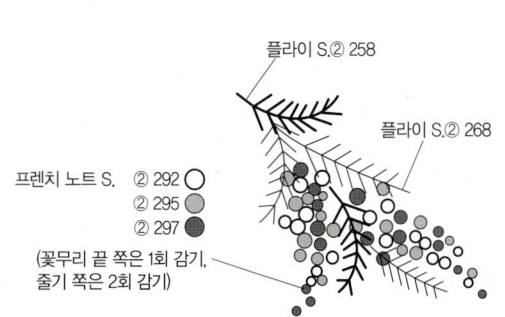

플라이 S.② 258
플라이 S.② 268
프렌치 노트 S. ② 292 ○
② 295 ◐
② 297 ●
(꽃무리 끝 쪽은 1회 감기, 줄기 쪽은 2회 감기)

flower garden
꽃으로 뒤덮인 정원

아이비로 뒤덮인 양옥집이에요.
덩굴장미나 등꽃도 잘 어울리겠지요?
한두 송이 꺾어서 장식해도 좋고요.
산책길에서 만난, 이 멋진 집을 도안으로 옮겨 보았답니다.

아이비, 덩굴장미, 등꽃의 덩굴 모양은 모두 똑같아요.
집을 배경으로 계절에 어울리는 식물을 골라 보세요.

flower garden
아이비 하우스
Photo > PAGE 32

자수 도안
• 숫자는 실의 번호입니다. ○안은 실의 올 수입니다.

사용한 실
Anchor 25번 면사…
흰색(1)
갈색 계열(310 · 890)
초록색 계열(258 · 268)
회색 계열(401)

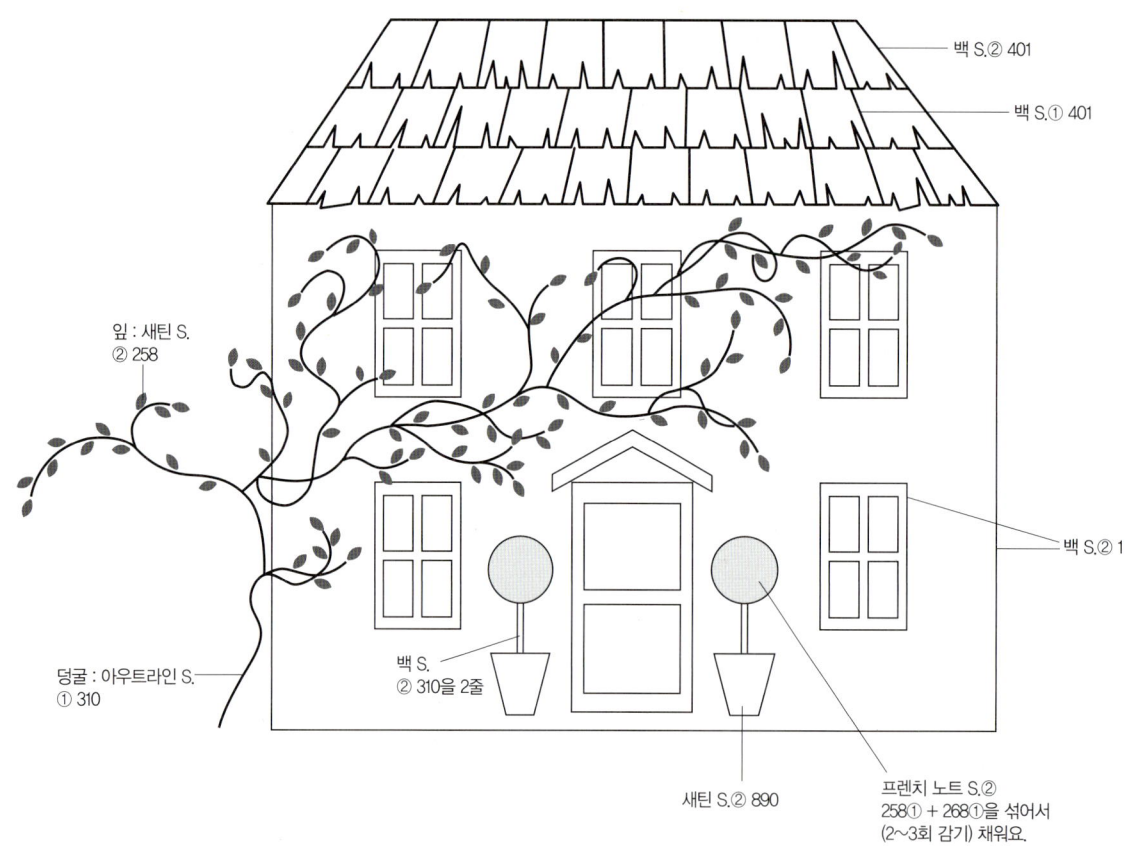

p.74 반짇고리함 실물 크기 도안

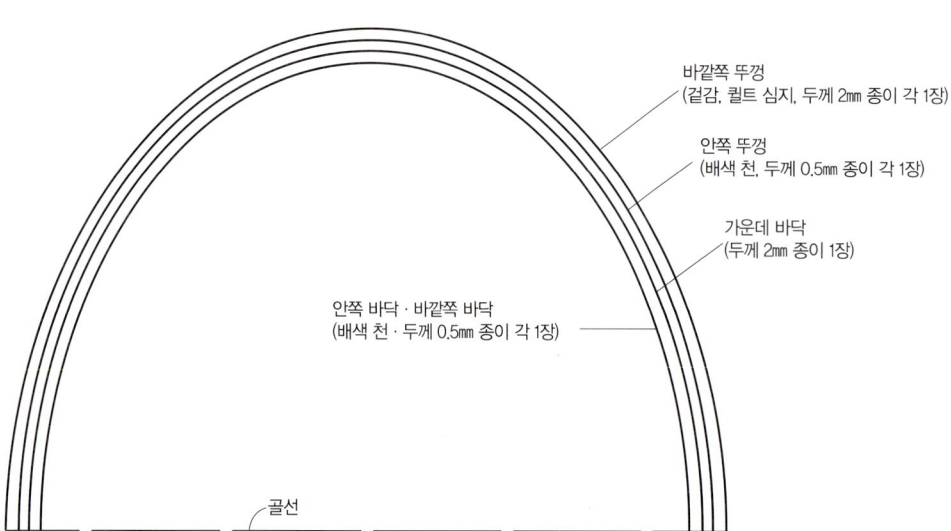

flower garden
덩굴장미, 등꽃, 아이비
Photo > PAGE 33

자수 도안
• 숫자는 실의 번호입니다. ○안은 실의 올 수입니다.

봉오리 : 불리온 S.① 87(10회 감기)

봉오리 : 불리온 S.① 89(10회 감기)

꽃받침 : 플라이 S.②

줄기 : 스트레이트 S.②

잎 : 새틴 S.②

※ 잎·줄기·꽃받침은 246①+267①을 섞어서 사용해요.

덩굴 : 아웃트라인 S.① 358

※ 스미르나 S. 그 안에 프렌치 노트 S.②(큰 것은 2회 감기, 작은 것은 1회 감기)
○ = 바깥쪽 103, 안쪽 85
◐ = 바깥쪽 85, 안쪽 86
● = 바깥쪽 86, 안쪽 87

덩굴장미에 사용한 실
Anchor 25번 면사…
흰색(1)
분홍색 계열(85·86·87·89·103)
갈색 계열(358)
초록색 계열(246·267)

줄기 : 백 S.② 258

잎 : 새틴 S.② 258

꽃 : 프렌치 노트 S.②
108① + 110①을 섞어서 사용해요
(큰 것은 2회 감기, 작은 것은 1회 감기).

덩굴 : 아웃트라인 S.① 393

등꽃에 사용한 실
Anchor 25번 면사…
갈색 계열(393)
보라색 계열(108·110)
초록색 계열(258)

잎은 모두 스트레이트 S.②
246① + 267①을 섞어서 사용해요.

아이비에 사용한 실
Anchor 25번 면사…
갈색 계열(358)
초록색 계열(246·267)

덩굴 : 아웃트라인 S.① 358

flower garden 은방울꽃 향낭

flower garden
은방울꽃향낭

Photo > PAGE 36

사용한 실
Anchor 25번 면사…
초록색 계열(267·843)
흰색(1)

부재료
천(엷은 황갈색 리넨)…폭 22cm×25cm
스웨이드 리본…폭 0.5cm×37cm

[향낭 만드는 방법]
1. 재단 후 수를 놓으세요.

은방울꽃 선에 사용한 실
Anchor 25번 면사…
초록색 계열(257·267·843)
흰색(1)

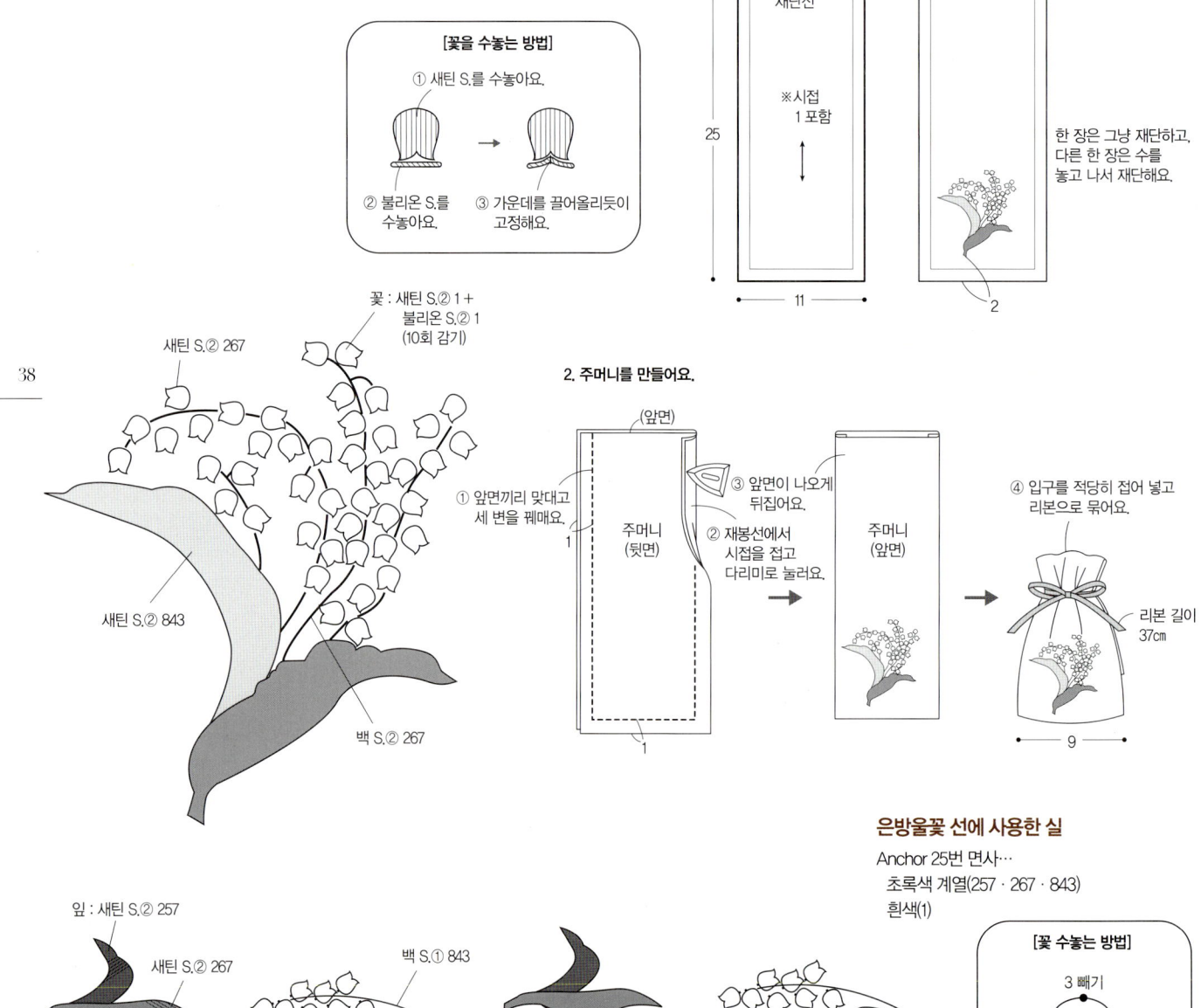

flower garden
데이지, 아카시아, 장미

Photo > PAGE 37

자수 도안
- 숫자는 실의 번호입니다. ○안은 실의 올 수입니다.
- 지정한 스티치 이외에는 모두 새틴 S.입니다.

데이지에 사용한 실

Anchor 25번 면사…
  흰색(1)
  노란색 계열(297)
  초록색 계열(267)

아카시아에 사용한 실

Anchor 25번 면사…
  노란색 계열(292 · 295 · 297)
  초록색 계열(258 · 268)

장미에 사용한 실

Anchor 25번 면사…
  분홍색 계열(86 · 87 · 88)
  초록색 계열(266 · 268 · 845)
  갈색 계열(358)

[데이지]

①1 ①297 ①267 아우트라인 S.② 267

[아카시아]

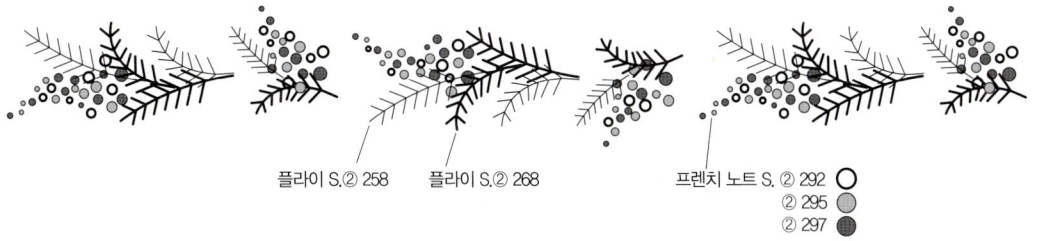

플라이 S.② 258 플라이 S.② 268 프렌치 노트 S.② 292 ○
② 295
② 297

(꽃무리 끝 쪽은 1회 감기, 줄기 쪽은 2회 감기)

[장미]

②86
②87
②88
플라이 S.② 268
스트레이트 S.② 268
②266
②268
②845
백 S.① 358
※시작 부분만 2~3개의 바늘땀을 한 줄 더하여 굵기를 표현하세요.

flower garden 포도화

PAGE 43

flower garden
클로버

Photo > PAGE 40

자수 도안
• 숫자는 실의 번호입니다. ○안은 실의 올 수입니다.

[A]에 사용한 실
Anchor 25번 면사…
  초록색 계열(267)
  베이지 계열(926)

[B]에 사용한 실
Anchor 25번 면사…
  초록색 계열(259·267)
  베이지 계열(926)

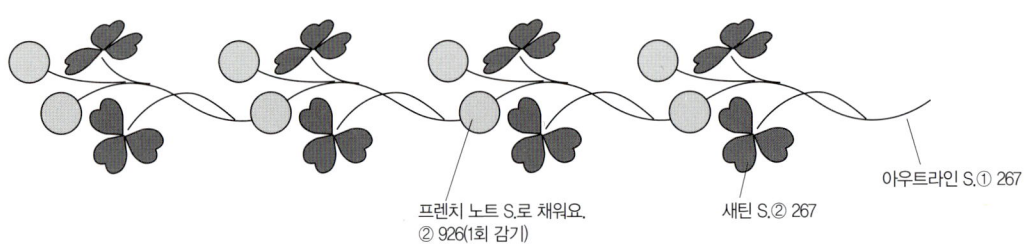

[A]

아우트라인 S.① 267
프렌치 노트 S.로 채워요.
② 926(1회 감기)
새틴 S.② 267

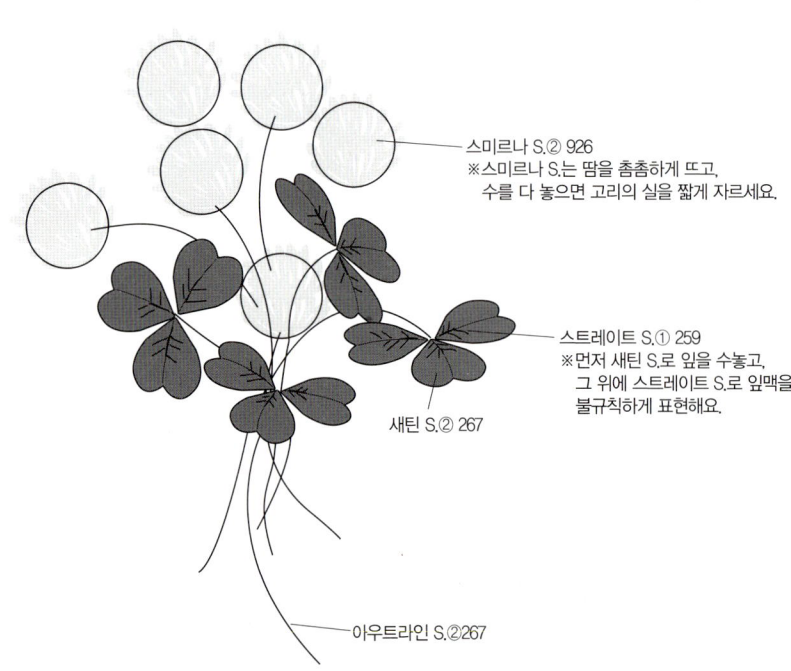

[B]

스미르나 S.② 926
※스미르나 S.는 땀을 촘촘하게 뜨고,
  수를 다 놓으면 고리의 실을 짧게 자르세요.

스트레이트 S.① 259
※먼저 새틴 S.로 잎을 수놓고,
  그 위에 스트레이트 S.로 잎맥을
  불규칙하게 표현해요.

새틴 S.② 267

아우트라인 S.②267

flower garden
관동화

Photo > PAGE 41

자수 도안
• 숫자는 실의 번호입니다. ○안은 실의 올 수입니다.

사용한 실
Anchor 25번 면사…
노란색 계열(297·303)
초록색 계열(267·843)
회색 계열(400)

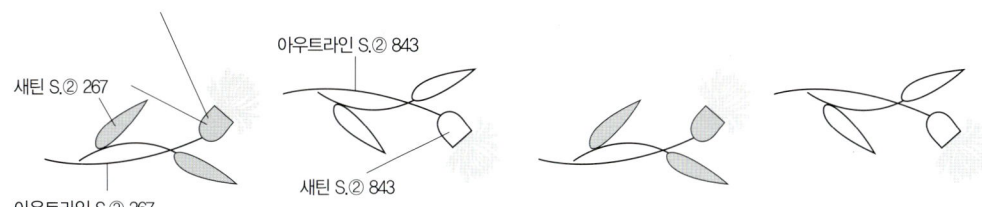

[봉오리 수놓는 방법]

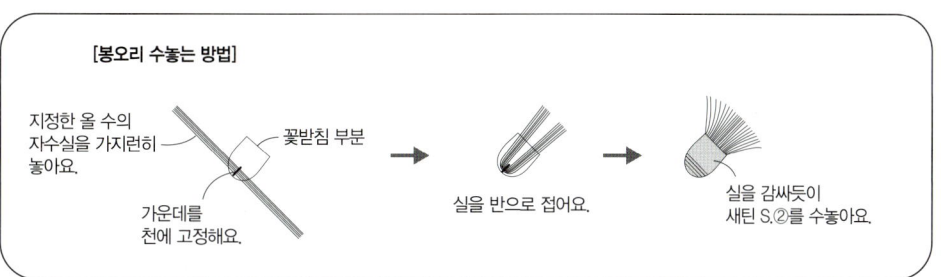

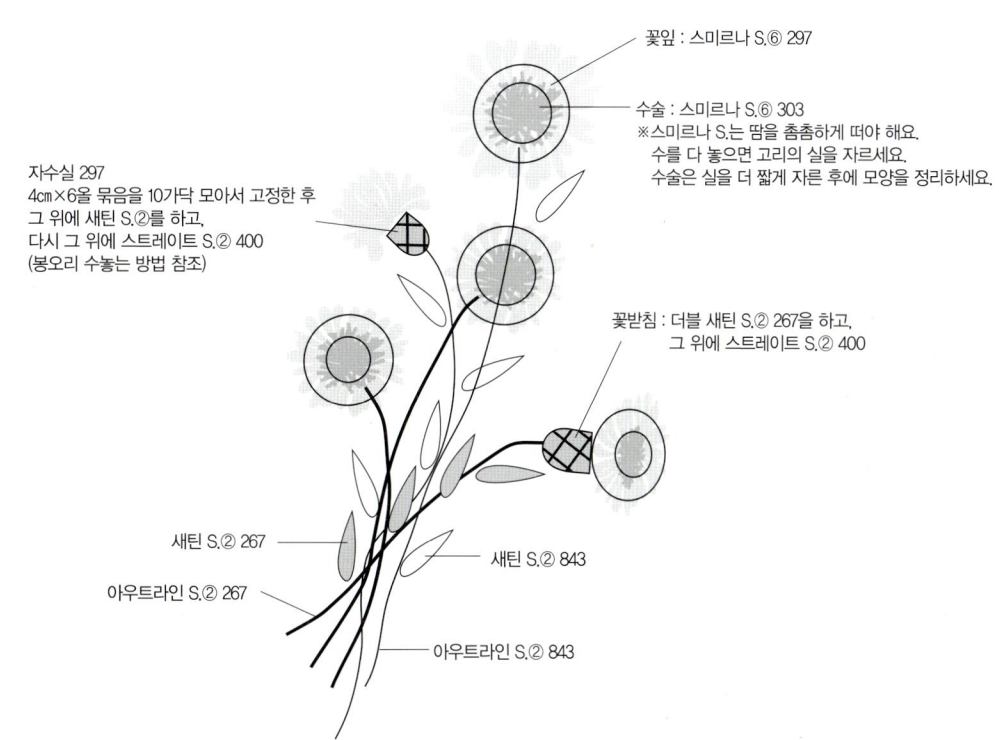

favorite things
좋아하는 것들

여유롭게 흘러가는 오후의 시간.
추억이 깃든 그리운 그곳…….
여자라면 나이에 상관없이 누구나
가슴 설레는 무언가를 갖고 있지요.

favorite things
오후의 티타임 & 커피잔 세트

Photo > PAGE 44·45

자수 도안
- 숫자는 실의 번호입니다. ○안은 실의 올 수이며, 이렇게 지정한 수 이외에는 모두 1올로 수놓으세요.

오후의 티타임에 사용한 실
Anchor 25번 면사…
흰색(1)
분홍색 계열(85·86·87·89·103)
보라색 계열(98)
초록색 계열(264·265·267)
회색 계열(1040)
Anchor ophir…은사(301)

커피잔 세트에 사용한 실
Anchor 25번 면사…
흰색(1)
노란색 계열(295·297)
분홍색 계열(85·86·87·92·103)
보라색 계열(108·111·112)
파란색 계열(128·134·137·175)
초록색 계열(258·265·266)
Anchor ophir…금사(300)·은사(301)

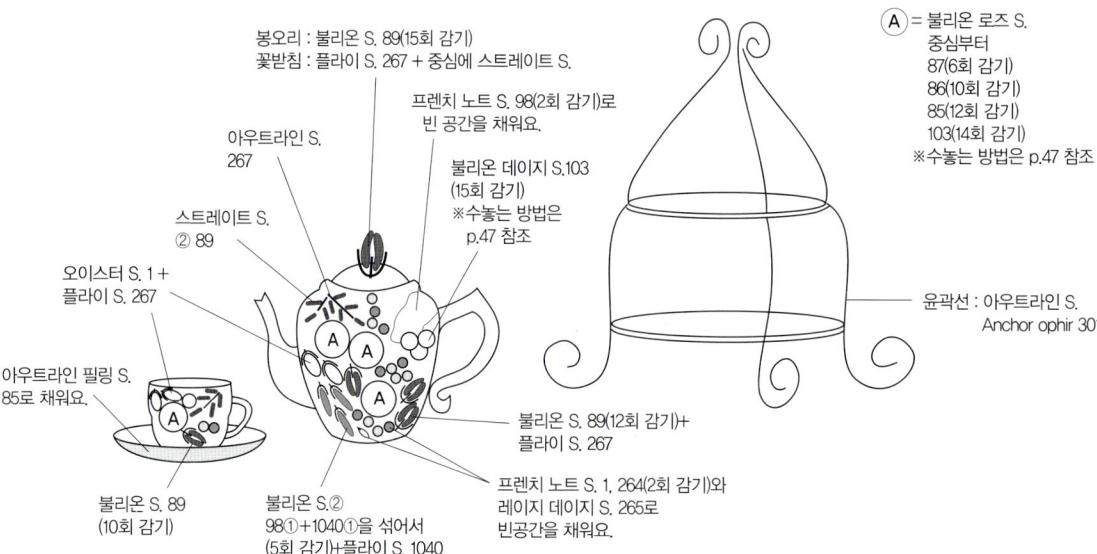

[오후의 티타임]

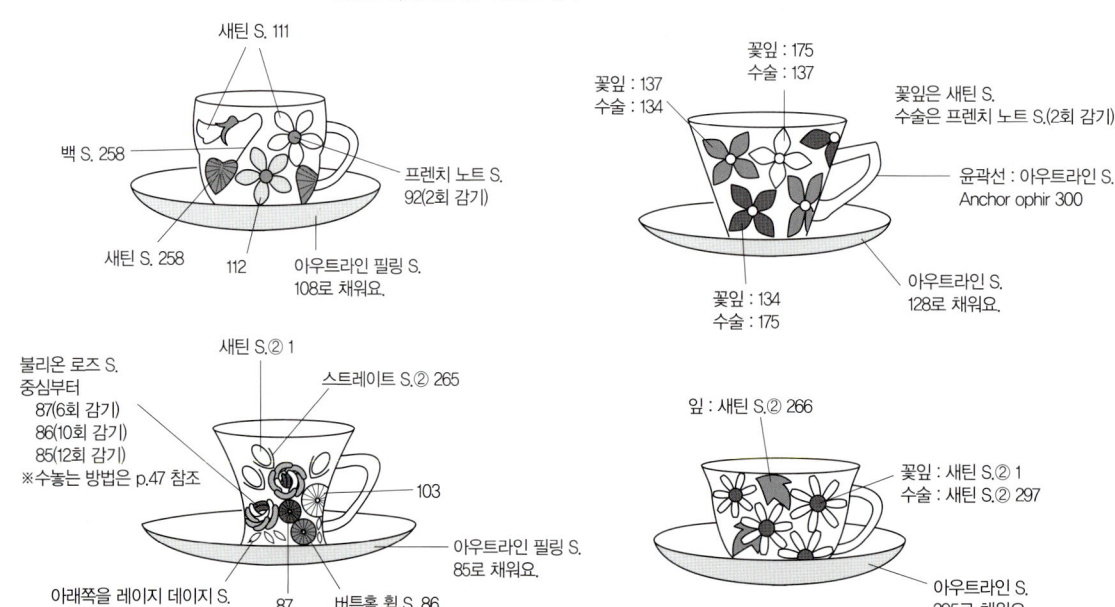

[커피잔 세트]

favorite things

토슈즈

Photo > PAGE 48

자수 도안

- 숫자는 실의 번호입니다. ○안은 실의 올 수이며, 이렇게 지정한 수 이외에는 모두 1올로 수놓으세요.

사용한 실

Anchor 25번 면사…
　흰색(1)
　분홍색 계열(85・86・87・103)
　회색 계열(397)
Anchor ophir…은사(301)

포인트

슈즈 부분은 큰 꽃을 먼저 수놓고, 프렌치 노트 S.와 레이지 데이지 S.로 남은 공간을 촘촘하게 채우세요. 마지막으로 Anchor Lame사로 윤곽선을 수놓아요.

새틴 S.103

= 꽃잎 : 레이지 데이지 S. ②
= 수술 : 프렌치 노트 S. (1회 감기)

= 꽃잎 1, 수술 86
= 꽃잎 103, 수술 86
= 꽃잎 103, 수술 85

A = 불리온 로즈 S.
중심부터
87(6회 감기)
86(10회 감기)
85(12회 감기)
103(14회 감기)

= 버튼홀 휠 S.
= 86
= 85
= 103

남은 공간은 흰색이나 분홍색(85・86・103)으로 프렌치 노트 S.②(1회 감기)와 레이지 데이지 S.로 채워요.

윤곽선 : 아웃트라인 S. Anchor ophir 301

새틴 S. 397

봉오리 : 불리온 S. 85 (15회 감기)
꽃받침 : 플라이 S. 86

오이스터 S. 86

불리온 데이지 S. 86(15회 감기)

저먼 노트 S. 1, 85

꽃 : 오이스터 S.② 1
꽃받침 : 플라이 S. 85

1을 둥글게 말아서 고정하고 그 안을 프렌치 노트 S. 103 (2회 감기)

※수놓는 방법

[둥글게 말아서 고정하기]

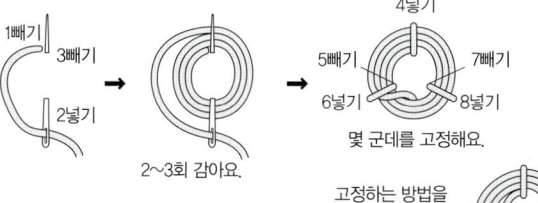

2~3회 감아요.

몇 군데를 고정해요.

고정하는 방법을 살짝 바꾸면 모양이 달라져서 색다른 느낌이 들어요.

[불리온 데이지 S.]

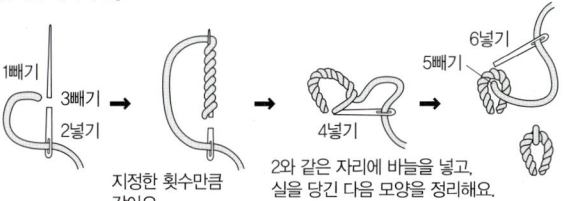

지정한 횟수만큼 감아요.

2와 같은 자리에 바늘을 넣고, 실을 당긴 다음 모양을 정리해요.

[불리온 로즈 S.]

예 / 중심부터
6회→10회→12회 감기일 경우

중심을 수놓아요.

불리온 S. (6회 감기)를 2줄 수놓아요.

중심을 둘러싸듯이 수놓아요.

양 끝은 같은 자리에 바늘을 꽂아요.

불리온 S. (10회 감기)

1/3 정도 겹쳐요.

불리온 S. (12회 감기)

※실제로 수놓을 때는 틈이 벌어지지 않도록 주의하세요.

47

favorite things 토슈즈

favorite things

에펠 탑

Photo > PAGE 49

자수 도안
- 숫자는 색의 번호입니다. ○ 안은 실의 올수이며, 이렇게 지정한 수 이외에는 모두 1올로 수놓으세요.
- 'Anchor ophir'의 풀어서 ○올'은 ○올로 이루어진 실을 풀어서 지시한 올 수만 사용하라는 뜻입니다(p.77 참조).

사용한 실
Anchor 25번 면사…
 흰색(1)
 분홍색 계열(85·86·87·103)
Anchor ophir…은사(301)

포인트
에펠탑 안에 선 모양으로 꽃을 수놓으세요. 먼저 큰 꽃을 수놓고, 남은 공간을 채우듯이 프렌치 노트 S.와 레이지 데이지 S.를 선의 느낌을 살려주세요. 마지막에는 Anchor Lame사로 문자와 윤곽선을 수놓으세요.

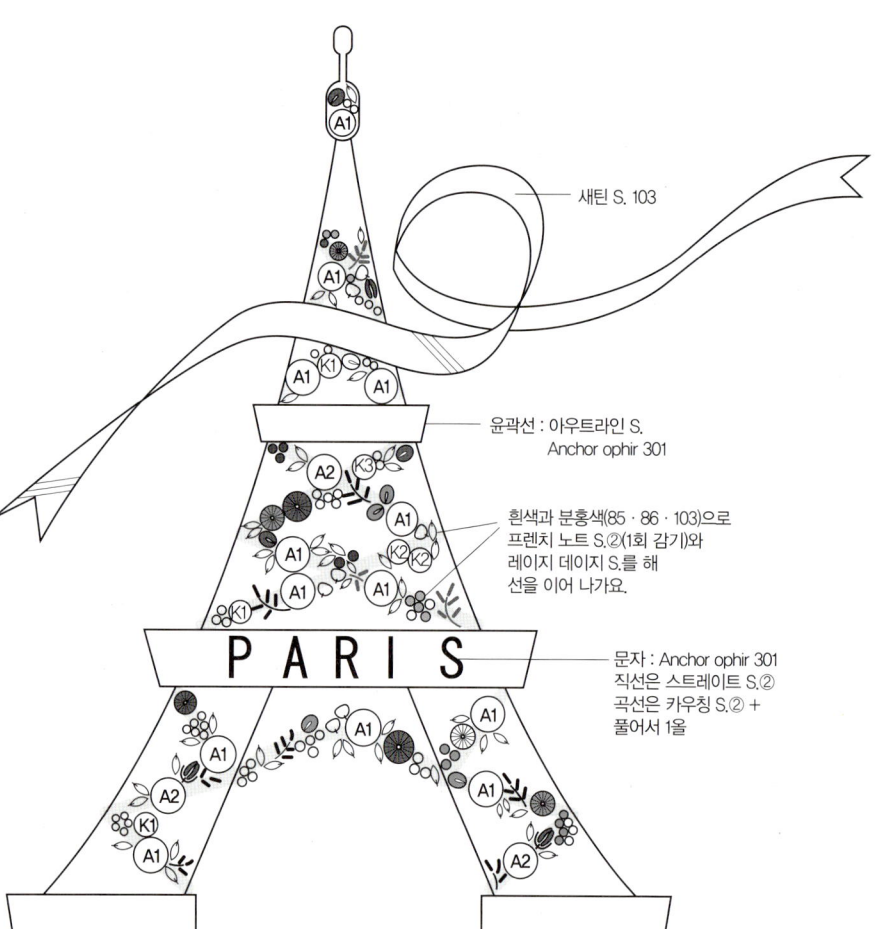

Ⓐ = 불리온 로즈 S.
중심부터
(6회→10회→12회 감기)
A1 = 중심부터 87→86→85
A2 = 중심부터 86→85→103
※수놓는 방법은 p.47 참조

Ⓚ = 실을 둥글게 말아서 고정하고,
(수놓는 방법은 p.47 참조)
그 안에 프렌치 노트 S.②(2회 감기)를 해요.
K1 = 103→85
K2 = 103→86
K3 = 1→85

◉ = 버튼홀 휠 S.
 =87
 =85
 =103

◯ = 불리온 데이지 S.(15회 감기)
 ①=87
 ①=103
 ◯=1
※수놓는 방법은 p.47 참조

◯ = 저먼 노트 S. 1

잎과 줄기는 짙은 분홍색(86·87)으로 수놓아요.

 스트레이트 S.②
 아웃라인 S.
 불리온 S. 87(10회 감기)
 플라이 S. 85

---

p.51 웨딩드레스 큰 장미 수놓는 방법

※스파이더 웹 로즈 S.는 p.82 참조

 →  →  → 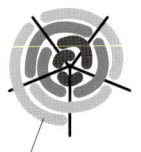 →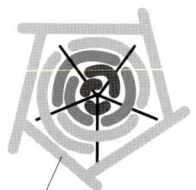

926번 실 1올로 토대를 수놓아요.

259번 실 6올을 위·아래로 교차하여 한 바퀴 감아요.

실을 바꾸어서 926번 실 6올로 한 바퀴 감아요.

실을 바꾸어서 1번 실 6올로 한 바퀴 감아요.

마지막으로 1번 실 6올 (또는 12올)로 아웃라인 S.를 수놓아요.

mariage rose

웨딩드레스

Photo > PAGE 13

자수 도안
• 숫자는 실의 번호입니다. ○안은 실의 올 수입니다.

사용한 실
Anchor 25번 면사…
  흰색(1)
  초록색 계열(259)
  베이지 계열(926)
Anchor ophir…은사(301)

부재료
부드러운 망사…폭 20cm×25cm

[작은 장미 수놓는 방법]
중심은 프렌치 노트 S.
⑥ 926(1회 감기)

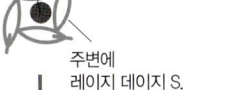

주변에
레이지 데이지 S.
② 259를 몇 개 수놓아요.

마지막으로
아웃라인 S.③으로
한 바퀴 둘러요.

망사 끝을 감추듯이 그 위에
[작은 장미 수놓는 방법]을 따라서
크기에 변화를 주며 수놓아요.

작은 장미 :
중심은 프렌치 노트 S.
⑥ 259(1회 감기)
그 주변에
레이지 데이지 S.② 926
마지막으로 아웃라인 S.③ 1

중간 장미 :
스파이더 웹 로즈 S.
토대 ① 926
중심부터 ④ 259→926→1
마지막으로 아웃라인 S.④ 1
※수놓는 방법은 큰 장미 참조

아웃라인 S.①
Anchor ophir 301

새틴 S.① 1

작은 장미

큰 장미 :
스파이더 웹 로즈 S.
토대 ① 926
중심부터 ⑥ 259→926→1
마지막으로 아웃라인 S. 1 ⑥ 또는 ⑫
※수놓는 방법은 p.50 참조
※아웃라인 S.의 올 수는 옷자락 쪽을 ⑫로
잡아서 볼륨감을 살리세요.

[헤드 드레스 만드는 법]

① 홈질을 해요.

헤드 드레스의 실물 크기 도안
· 시접을 두지 않고 도안 그대로
재단하세요.

홈질 위치

골선

② 홈질한 실을 당겨서
주름을 잡고 그 상태로 천에 꿰매요.

③ 망사의 끝을
감추듯이 그 위에
장미를 수놓아요.

favorite things
화장대

Photo > PAGE 52

자수 도안
- 숫자는 실의 번호입니다. ○안의 숫자는 실의 올 수입니다.
- 지정한 스티치 이외에는 모두 백 S.②1입니다.

사용한 실
Anchor 25번 면사…
 흰색(1)
 분홍색 계열(85·86·87·89)
 초록색 계열(843)
 회색 계열(400)
Anchor ophir…은사(301)

[장미 수놓는 방법]
불리온 S. 86① + 89①을 섞어서 (10회 감기)
스트레이트 S. ② 843
플라이 S. ② 843
새틴 S. ② 843

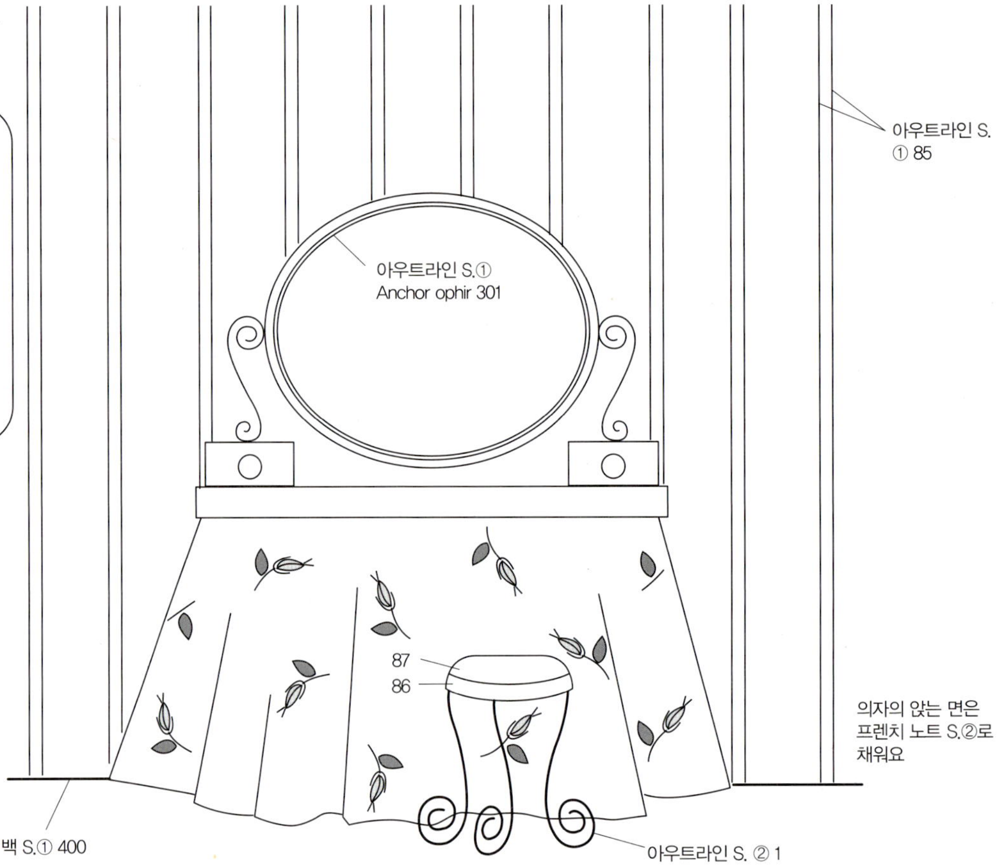

아우트라인 S.① 85
아우트라인 S.① Anchor ophir 301
백 S.① 400
의자의 앉는 면은 프렌치 노트 S.②로 채워요
아우트라인 S. ② 1
87
86

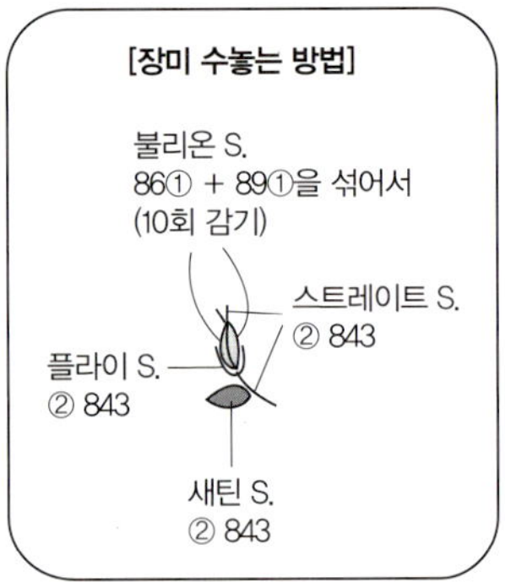

p.18 꽃 드레스, 액세서리&부케 실물크기 도안

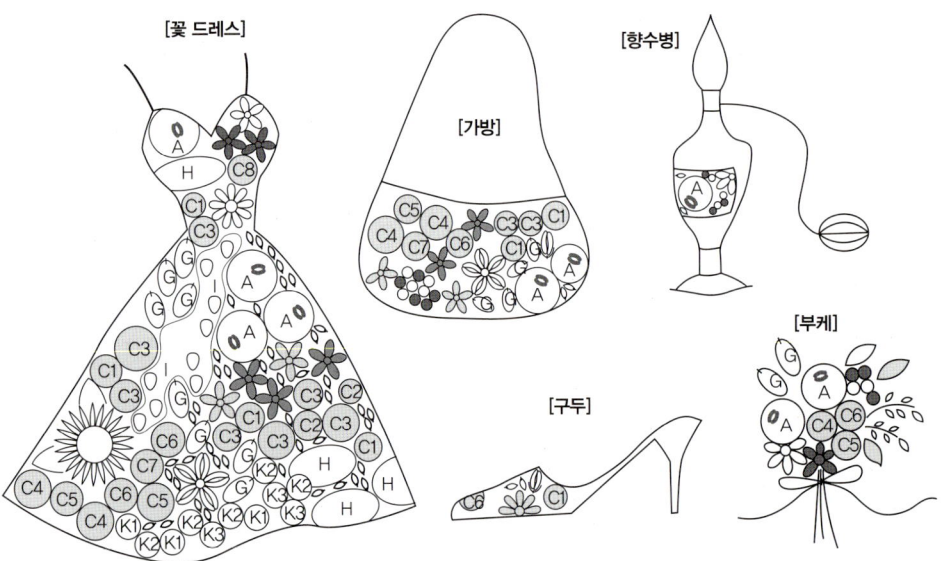

[꽃 드레스] [가방] [향수병] [구두] [부케]

부케에 사용한 실
Anchor 25번 면사…
 분홍색 계열(85·86·87·103)
 보라색 계열(1030)
 초록색 계열(259·264·265)
 파란색 계열(117·176)
 흰색(1)
Anchor ophir…은사(301)

향수병에 사용한 실
Anchor 25번 면사…
 분홍색 계열(85·86·87·103)
 초록색 계열(259·843)
 파란색 계열(176)
 흰색(1)
Anchor ophir…은사(301)

favorite things
앤티크의자

Photo > PAGE 53

자수 도안
• 숫자는 실의 번호입니다. ○안은 실의 올 수입니다.

사용한 실
Anchor 25번 면사…
　분홍색 계열(89)
Anchor ophir…은사(301)

커튼 재료
천(엷은 황갈색 리넨)…폭 45㎝×45㎝
Anchor 25번 면사…
　베이지 계열(899)

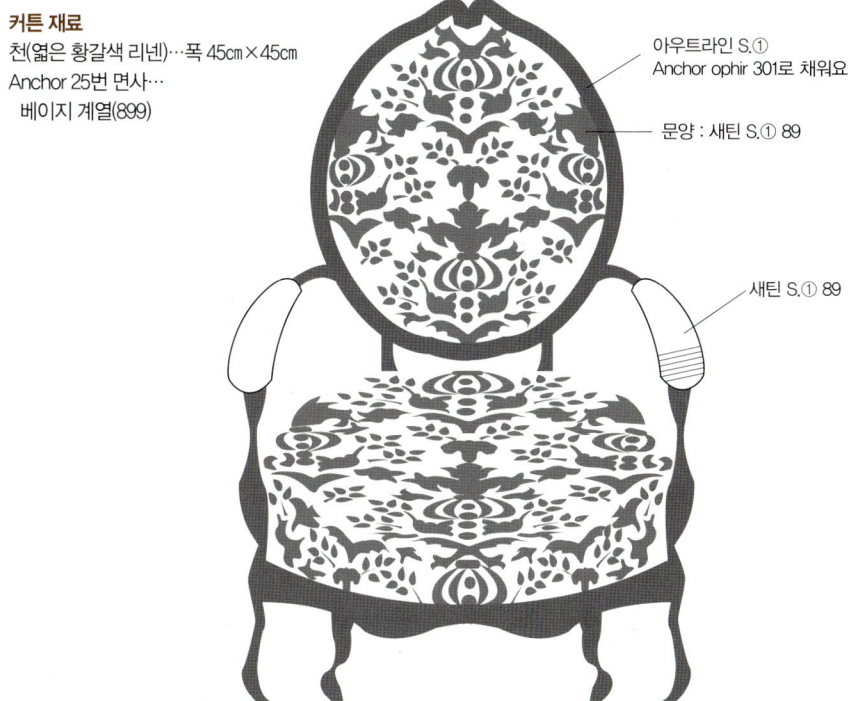

아우트라인 S.①
Anchor ophir 301로 채워요.

문양 : 새틴 S.① 89

새틴 S.① 89

[커튼 만드는 방법]

1. 천을 재단하세요.

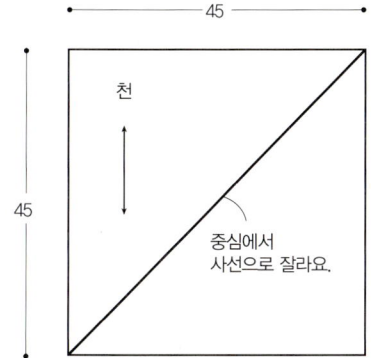

2. 천의 끝을 정리해요.

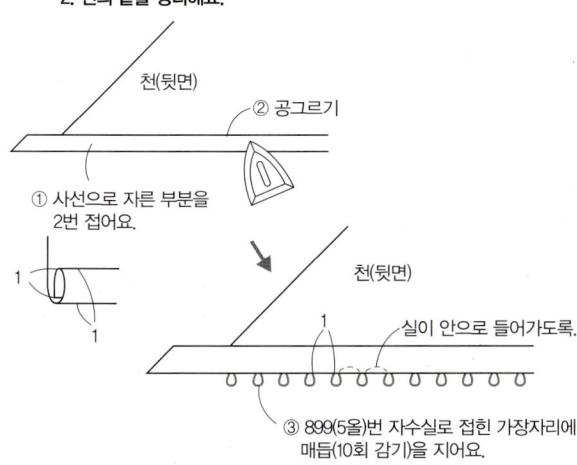

3. 커튼을 적당히 접으세요.

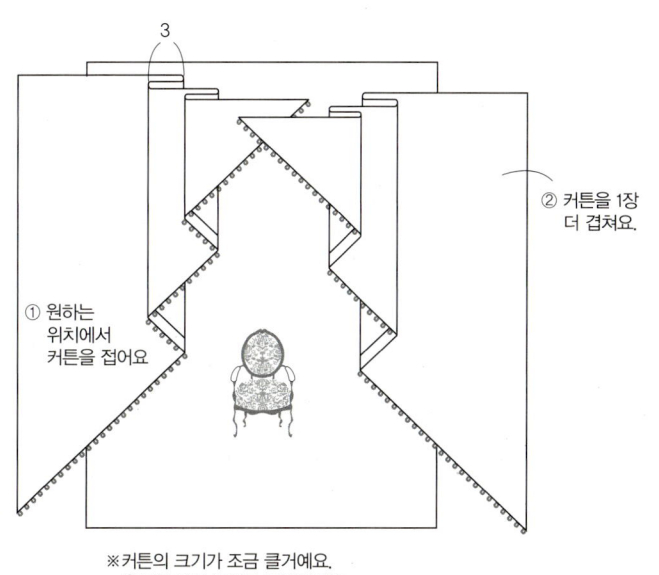

flower alphabet
꽃으로 수놓은 알파벳

작은 꽃들을 사슬처럼 이어 놓은 알파벳이에요.
마음에 드는 문자를 골라서 원하는 색으로 수를 놓아 보세요.
액자로 만들어 장식해도 멋지답니다.

flower alphabet
꽃이니셜

Photo > PAGE 56

자수 도안
- 숫자는 실의 번호입니다. ○안은 실의 올 수이며, 이렇게 지정한 수 이외에는 모두 1올로 수놓으세요.

사용한 실
Anchor 25번 면사…
파란색 계열
(120 · 128 · 136 · 137 · 139 · 144 · 939)

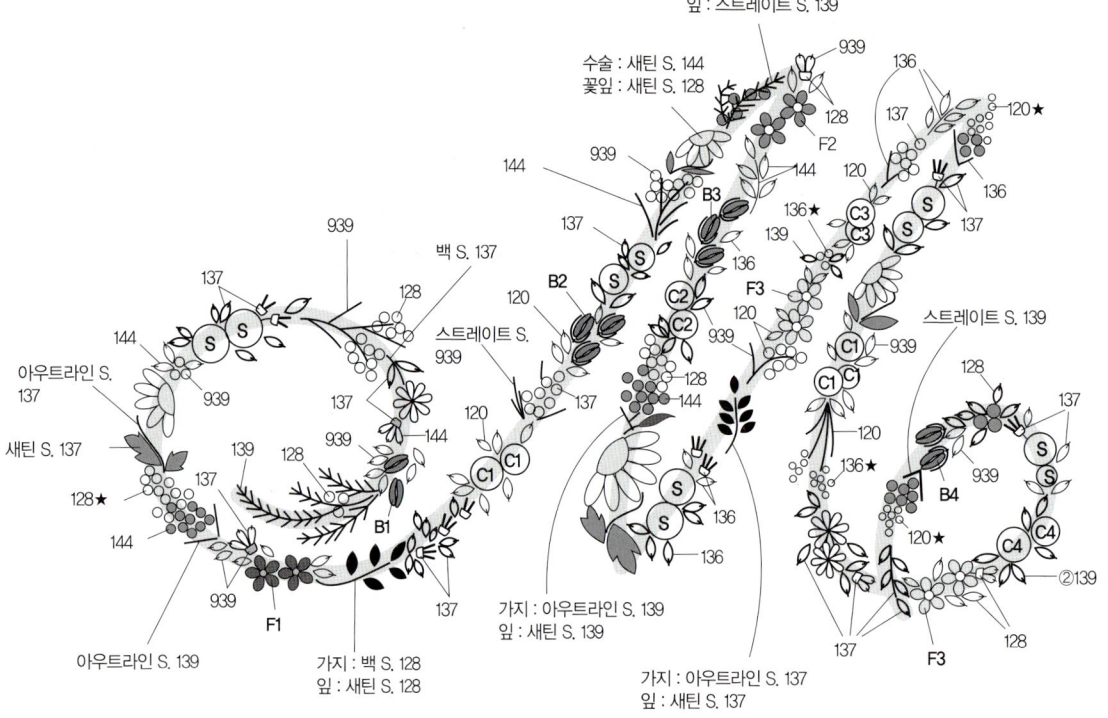

- ✿ = 꽃잎 : 레이지 데이지 S. 120

- ⚘ = 꽃잎 : 레이지 데이지 S.
  꽃받침 : 새틴 S.(배색은 도안 참조)

- ⚘ = 꽃잎 : 스트레이트 S.②
  120+136을 섞어서
  꽃받침 : 새틴 S.(배색은 도안 참조)

- Ⓒ = 버튼홀 휠 S.
  C1 : 136 C2 : 137 C3 : 939
  C4 : 144

- 🌱 = 봉오리 : 불리온 S.(10회 감기)
  꽃받침 : 플라이 S.
  B1 : 봉오리 137, 꽃받침 없음
  B2 : 봉오리 136, 꽃받침 120
  B3 : 봉오리 144, 꽃받침 136
  B4 : 봉오리 137, 꽃받침 939

- ✾ = 꽃잎 : 레이지 데이지 S.
  수술 : 프렌치 노트 S.(1회 감기)
  F1 : 꽃잎 137, 수술 939
  F2 : 꽃잎 939, 수술 128
  F3 : 꽃잎 136, 수술 128

- ○ = 프렌치 노트 S.
  배색은 도안 참조, ★표시는 1회 감기,
  지정하지 않은 ● 는 모두 144(2회 감기)

- Ⓢ = 스트레이트 S.②
  120+136을 섞어서

- ✺ 중심에서 방사형으로 수놓으세요.

- ⬬ = 레이지 데이지 S.②
  배색은 도안 참조

알파벳 샘플 도안
- 원하는 크기로 확대 복사하여 사용하세요.
- 책에서 소개한 꽃 이니셜을 참고하여 원하는 문자 위에 꽃과 잎을 자유롭게 배치해 보세요.
- 문자의 처음과 끝 부분에는 잎이 있는 가지나 봉오리를 배치해 보세요. 선이 가늘게 표현되어서 훨씬 아름다워 보일 거예요.

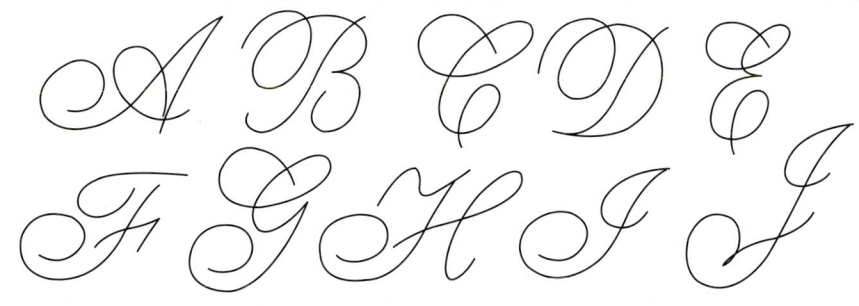

flower alphabet
꽃이니셜
Photo > PAGE 57

Ⓐ = 불리온 로즈 S.
(6회→10회→12회→14회 감기)
중심부터 87→86→85→103
※수놓는 방법은 p.47 참조

Ⓢ = 스트레이트 S.②
A는 1+86을 섞어서
Y는 1+87을 섞어서

중심부터 방사형으로 수놓으세요.

Ⓒ = 버튼홀 휠 S.
C1 : 85   C2 : 87
C3 : 86   C4 : 103

= 봉오리 : 불리온 S.(12회 감기)
꽃받침 : 플라이 S.
B1 봉오리 87, 꽃받침 267
B2 봉오리 87, 꽃받침 265
B3 봉오리 87, 꽃받침 843

= 꽃잎 : 레이지 데이지 S.②
수술이 있는 경우는 프렌치 노트 S.
(1회 감기) 배색은 도안 참조

= 꽃잎 : 레이지 데이지 S.②
꽃받침 : 새틴 S.
(옆에 있는 잎과 같은 색으로 수놓아요.)

= 꽃잎 : 스트레이트 S.②
1+86을 섞어서
꽃받침 : 새틴 S.
(옆에 있는 잎과 같은 색으로 수놓아요.)

◯ = 프렌치 노트 S.②
(큰 원은 2회 감기, 작은 원은 1회 감기)
배색은 도안 참조

◊ = 레이지 데이지 S.②
배색은 도안 참조

자수 도안
- 숫자는 실의 번호입니다. ○안은 실의 올 수이며, 이렇게 지정한 수 이외에는 모두 1올로 수놓으세요.
- 줄기나 잎 등 선 모양의 도안 중에서 따로 방법을 지정하지 않은 스티치는 모두 아우트라인 S.입니다.

A에 사용한 실
Anchor 25번 면사…
분홍색 계열(85・86・87・103)
초록색 계열(260・265・267)
흰색(1)

Y에 사용한 실
Anchor 25번 면사…
노란색 계열(295)
분홍색 계열(85・86・87・103)
보라색 계열(1030)
파란색 계열(176)
초록색 계열(260・265・267・843)
흰색(1)

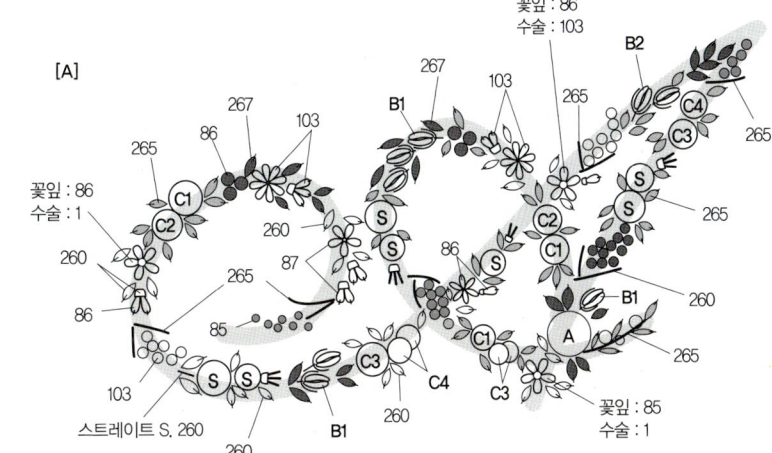

[A]

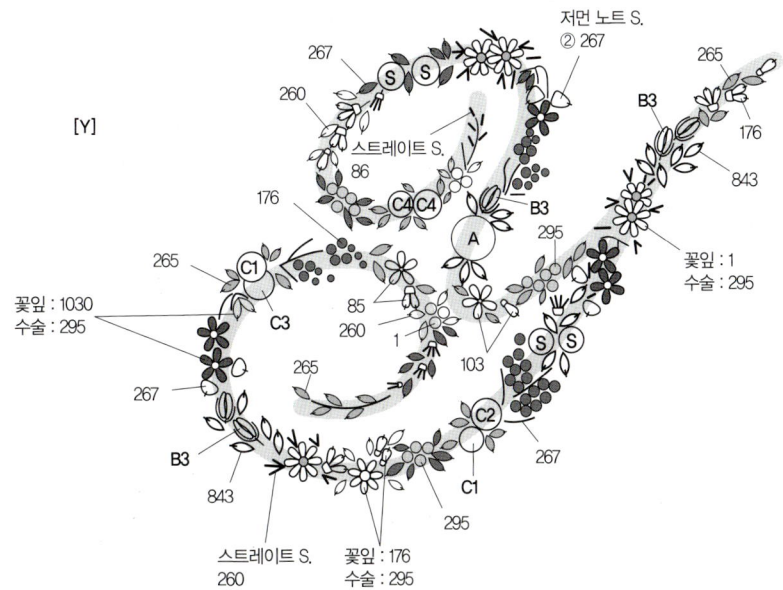

[Y]

60

flower alphabet 지은새와 알파벳

How to Stitch >
PAGE 62

A B C D E F G H I J K L M N
O P Q R S T U V W X Y Z

flower alphabet
작은 새와 알파벳

자수 도안
- 숫자는 실의 번호입니다. 지정한 수 이외에는 모두 Anchor ophir 301로 수놓으세요.
- 'Anchor ophir의 풀어서 ○올'은 ○올로 이루어진 실을 풀어서 지시한 올 수만 사용하라는 뜻입니다(p.77 참조).
- ○안의 숫자는 실의 올 수입니다.

사용한 실
Anchor 25번 면사…
 분홍색 계열(85 · 86 · 103)
 회색 계열(401)
 흰색(1)
Anchor ophir…은사(301)

※새를 수놓는 순서
몸 → 윤곽선 → 눈 → 부리 → 스탠드(새가 앉은 봉) → 다리

※새의 몸을 수놓는 방법
실을 둥글게 말아서① 고정하고(수놓는 방법은 p.47 참조) 그 안에 프렌치 노트 S.①(1회 감기)를 하세요.
(둥글게 마는 실과 프렌치 노트 S.의 실은 색을 달리하세요.)
이 과정을 반복해서 몸을 채워요.
 날개, 꼬리…85, 86
 얼굴, 배…1, 103

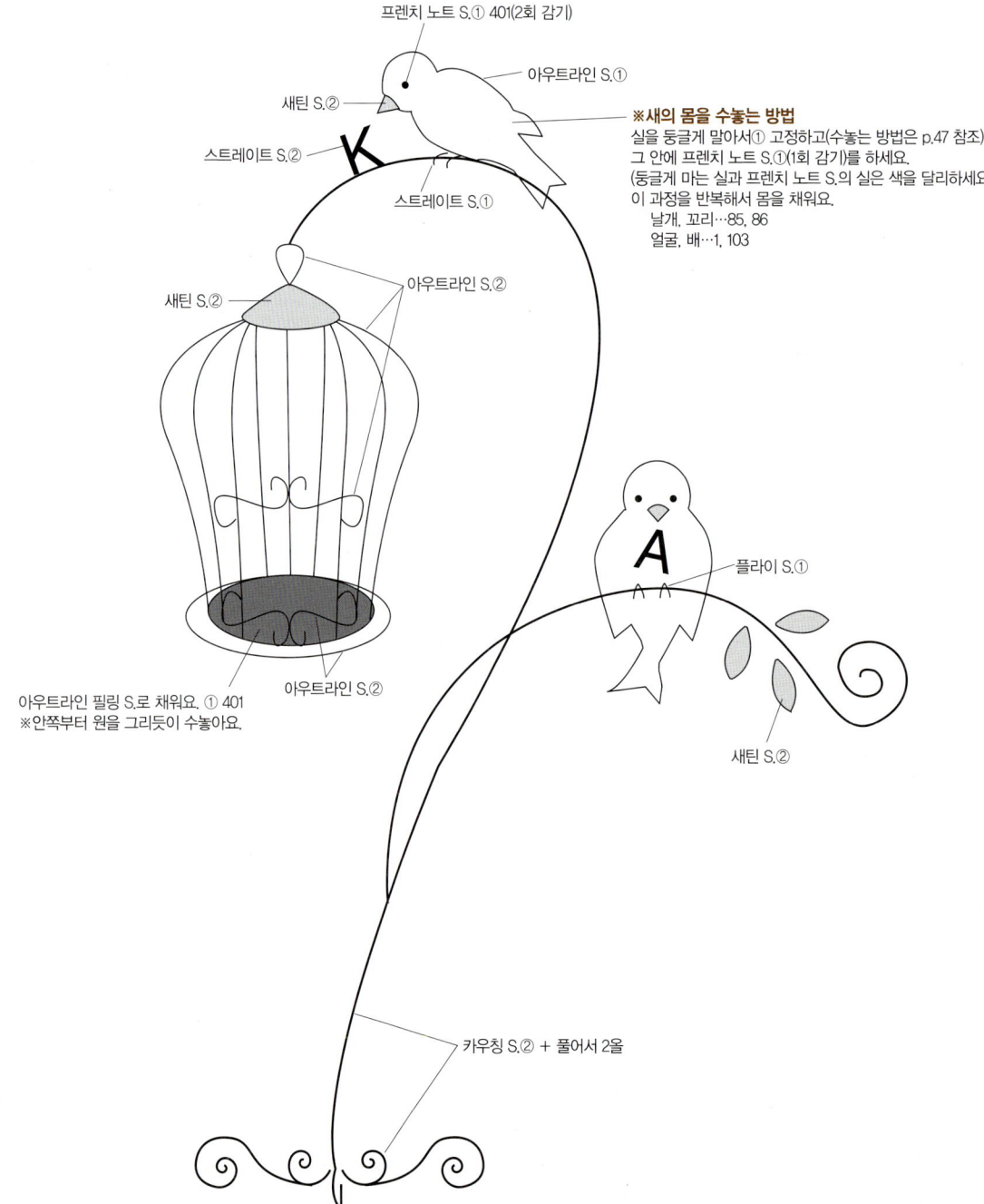

flower alphabet
작은 새와 알파벳

Photo > PAGE 61

자수 도안
- 숫자는 실의 번호입니다. 지정한 수 이외에는 모두 Anchor ophir 301로 수놓으세요.
- 'Anchor ophir의 풀어서 ○올'은 ○올로 이루어진 실을 풀어서 지시한 올 수만 사용하라는 뜻입니다(p.77 참조).
- ○안의 숫자는 실의 올 수입니다.

사용한 실
Anchor 25번 면사…
　보라색 계열(108·109·110)
　분홍색 계열(85·86·103)
　노란색 계열(292·295·297)
　파란색 계열(128·137·175)
　회색 계열(401)
　흰색(1)
Anchor ophir…은사(301)

※새를 수놓는 순서
몸 → 윤곽선 → 눈 → 부리 → 다리

※새의 몸을 수놓는 방법
실을 둥글게 말아서① 고정하고(수놓는 방법은 p.47 참조) 그 안에 프렌치 노트 S.①(1회 감기)를 하세요(둥글게 마는 실과 프렌치 노트 S.의 실은 색을 달리하세요.) 이 과정을 반복해서 몸을 채워요.

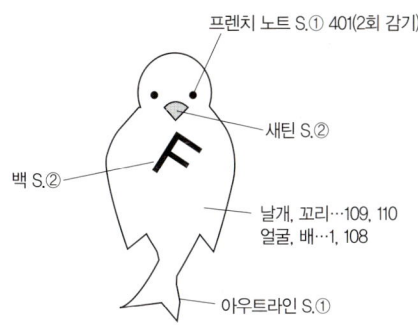

프렌치 노트 S.① 401(2회 감기)
새틴 S.②
백 S.②
날개, 꼬리…109, 110
얼굴, 배…1, 108
아우트라인 S.①

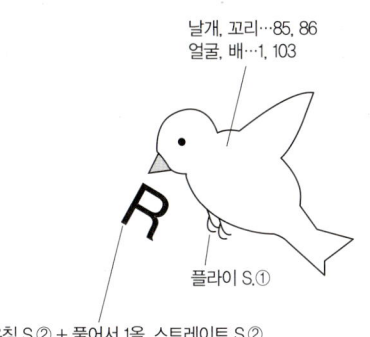

날개, 꼬리…85, 86
얼굴, 배…1, 103
플라이 S.①
카우칭 S.② + 풀어서 1올, 스트레이트 S.②

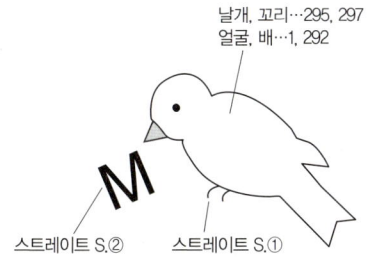

날개, 꼬리…295, 297
얼굴, 배…1, 292
스트레이트 S.②　스트레이트 S.①

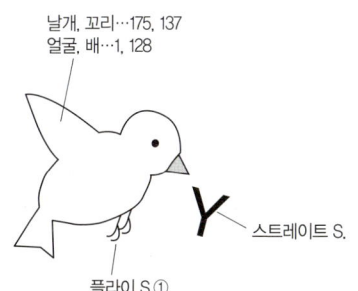

날개, 꼬리…175, 137
얼굴, 배…1, 128
스트레이트 S.
플라이 S.①

※알파벳 수놓는 방법 Anchor ophir 301
스트레이트 S.②로 수놓아요…A, E, F, H, I, K, L, M, N, T, V, W, X, Y, Z
카우칭 S.② + 풀어서 1올로 수놓아요…C, J, O, S, U
카우칭 S.② + 풀어서 1올, 스트레이트S.②로 수놓아요…B, D, G, P, Q, R

A B C D E F G H I J K L M N
O P Q R S T U V W X Y Z

japanese traditions
일본의 전통문화

손님에게 정성을 담아 차를 대접하는 다도,
품을 늘릴 수 있는 어린이용 기모노…
일본의 전통문화를 자수에 응용해 볼까요?

japanese traditions
차단지와 차선·다구

Photo > PAGE 64, 65

차단지와 차선에 사용한 실
Anchor 25번 면사…
　흰색(1·2)
　검은색(403)
　갈색 계열(307·890·901)
　회색 계열(232·235·401)

작은 꽃병에 사용한 실
Anchor 25번 면사…
　검은색(403)
　초록색 계열(258·268)
　갈색 계열(358)

찻사발에 사용한 실
Anchor 25번 면사…
　흰색(1)
　베이지 계열(276)
　회색 계열(398)

꾸지나무 잎에 사용한 실
Anchor 25번 면사…
　초록색 계열(244·246)

차 솥에 사용한 실
Anchor 25번 면사…
　회색 계열(401)

[차단지와 차선]

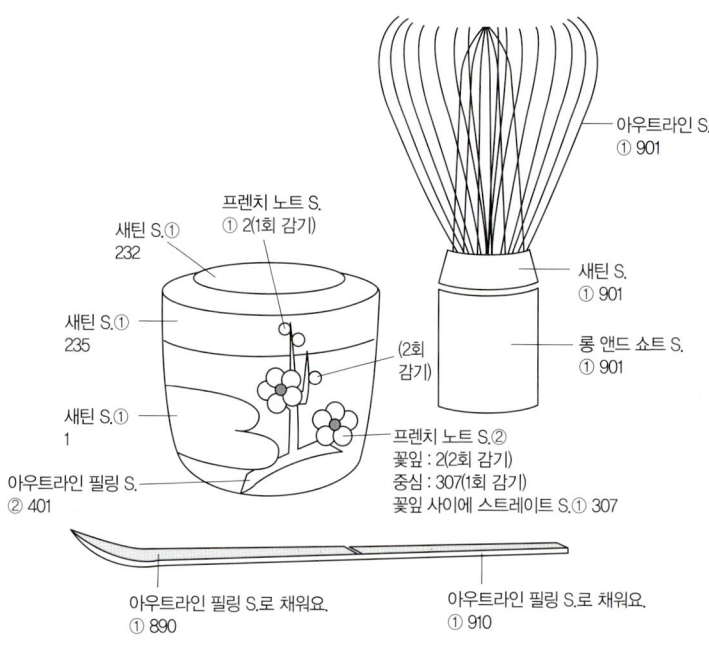

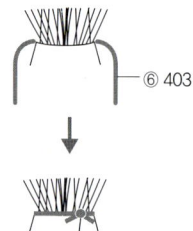

양 끝에서 실을 뺀 다음 묶어주세요.
⑥ 403
묶어요.
※차 솥의 도안은 p.67 참조

[찻사발]

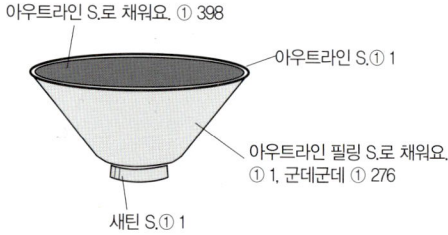

[작은 꽃병]

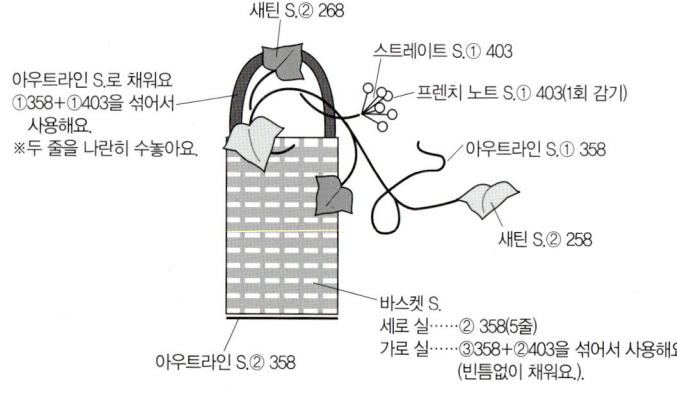

[꾸지나무 잎]

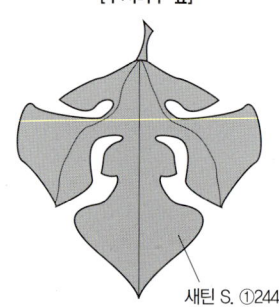
새틴 S. ①244+①246을 섞어서 사용해요.

japanese traditions
일본의 전통소품들

Photo > PAGE 69

자수 도안
• 숫자는 실의 번호입니다. ○ 안은 실의 올 수입니다.

빗에 사용한 실
Anchor 25번 면사…
노란색 계열(326 · 386)
흰색(1)

땡땡이 북 장난감에 사용한 실
Anchor 25번 면사…
노란색 계열(326)
검은색(403)
회색 계열(400)

바느질 도구에 사용한 실
Anchor 25번 면사…
노란색 계열(386)
회색 계열(400)
멀티 컬러(1316)

여자아이용 나막신에 사용한 실
Anchor 25번 면사…
노란색 계열(335 · 386)
검은색(403)

[빗]

꽃잎 : 새틴 S.① 386
수술 : 프렌치 노트 S. ① 1 (1회 감기)
빗살의 방향과 평행으로 새틴 S.② 326
스트레이트 S. ② 326
빗살을 수놓는 방법 스트레이트 S.를 길게 3줄 수놓아요.
끝에서는 한 점에 바늘을 넣어요.

[바느질 도구]

새틴 S.② 400
백 S.① 1316
새틴 S.② 386
새틴 S.① 1316

[땡땡이 북 장난감]

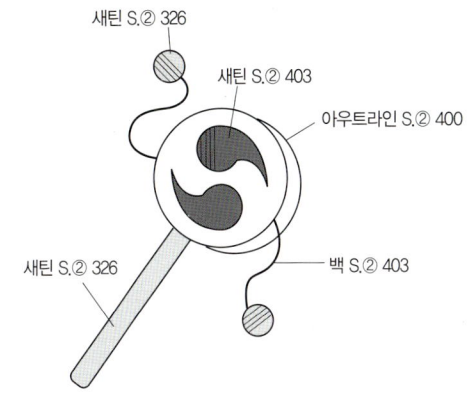

새틴 S.② 326
새틴 S.② 403
아우트라인 S.② 400
새틴 S.② 326
백 S.② 403

[차 솥]

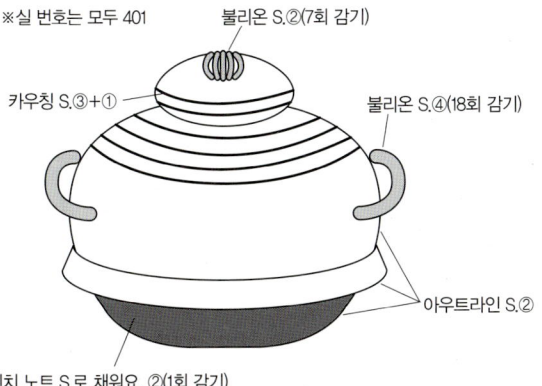

※실 번호는 모두 401
불리온 S.②(7회 감기)
카우칭 S.③+①
불리온 S.④(18회 감기)
아우트라인 S.②
프렌치 노트 S.로 채워요. ②(1회 감기)
※가로로 세 줄을 나란히 수놓아요.

[여자아이용 나막신]

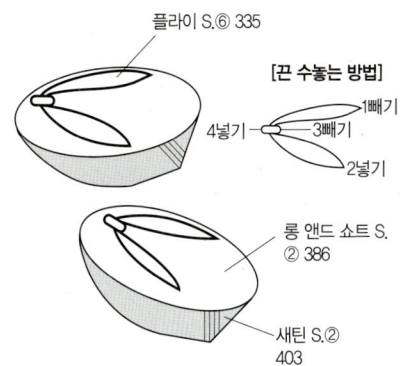

플라이 S.⑥ 335

[끈 수놓는 방법]
1빼기
4넣기
3빼기
2넣기

롱 앤드 쇼트 S. ② 386
새틴 S.② 403

japanese traditions
기모노

Photo > PAGE 68

사용한 실
Anchor 25번 면사…
  노란색 계열(334·925)
  빨간색 계열(1006)
Anchor ophir…은사(301)

부재료
겉감(회색 리넨)…폭 45cm×15cm
배색 천(흰색 면)…폭 10cm×15cm
파이핑 테이프…폭 0.3cm×20cm
※기모노를 고정시킬 바탕천(엷은 황갈색 리넨)은 별도로 준비하세요.

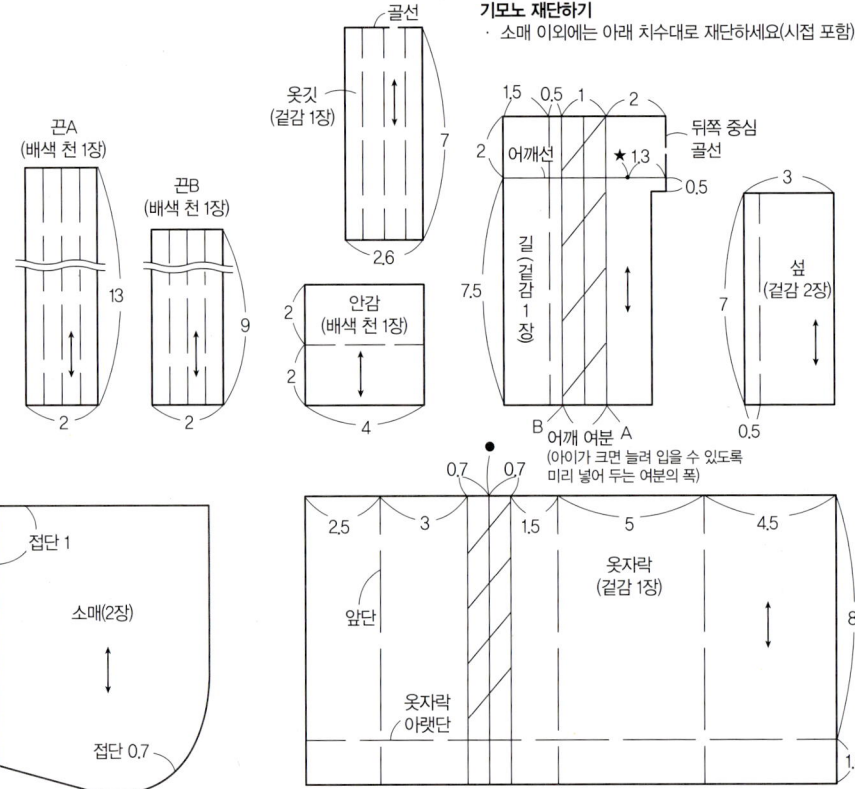

소매의 실물 크기 도안
· 지정한 접단(접어 넣을 시접)을 붙여서 좌우 대칭으로 재단하세요.

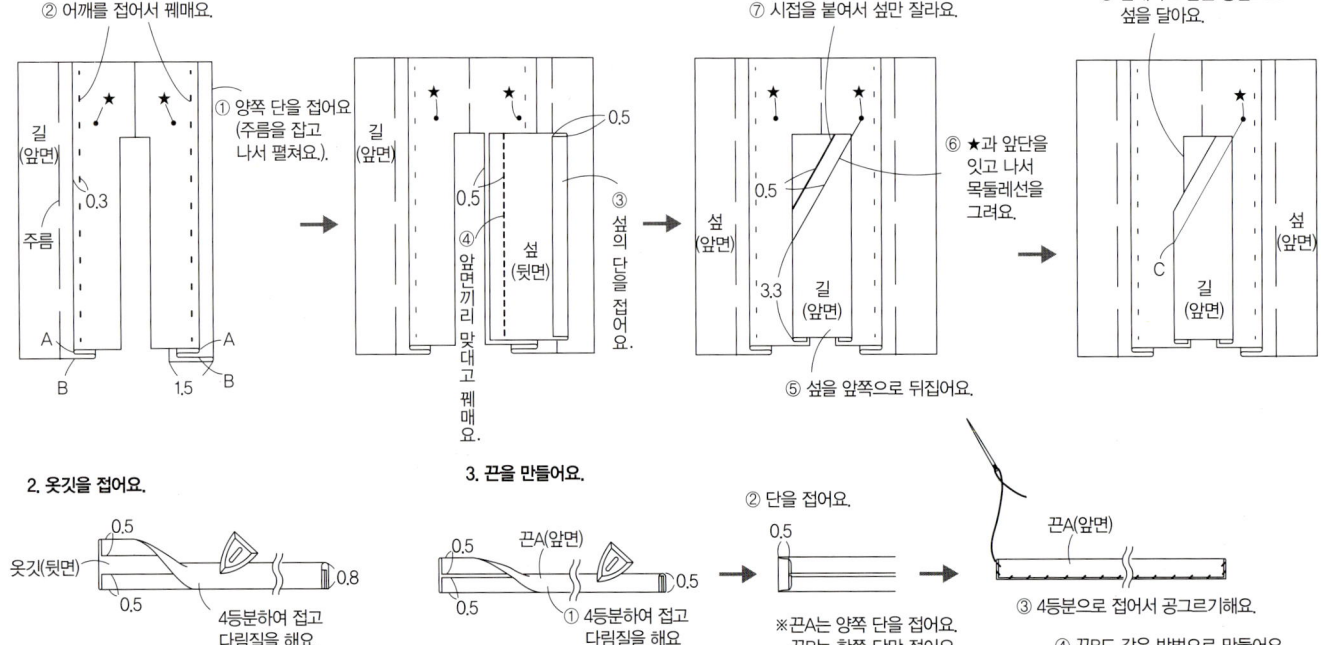

4. 길에 옷깃을 달아요.

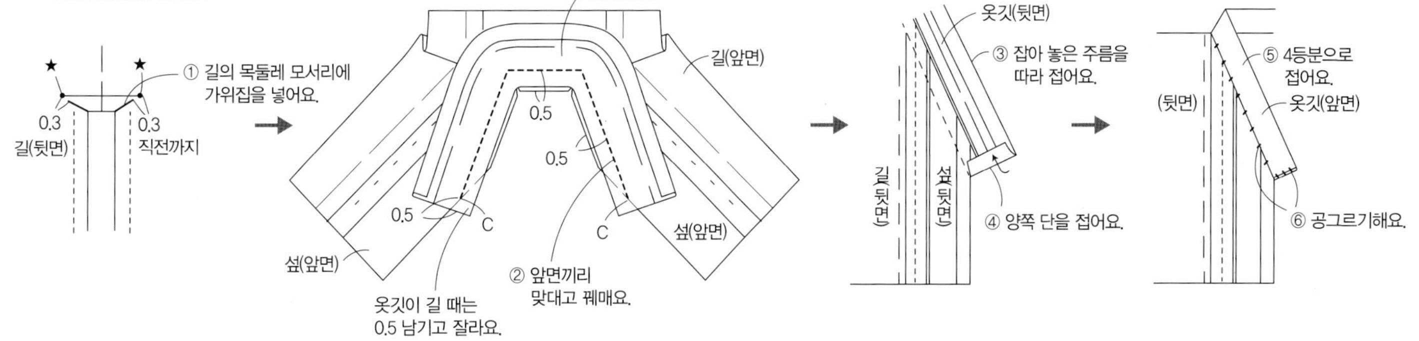

① 길의 목둘레 모서리에 가위집을 넣어요.
0.3 길(뒷면) 0.3 직전까지
옷깃(뒷면) 길(앞면)
0.5 C C 0.5
섶(앞면) 섶(앞면)
② 앞면끼리 맞대고 꿰매요.
옷깃이 길 때는 0.5 남기고 잘라요.

③ 잡아 놓은 주름을 따라 접어요.
④ 양쪽 단을 접어요.
옷깃(뒷면) 길(뒷면) 섶(뒷면)

④ 4등분으로 접어요.
(뒷면) 옷깃(앞면)
⑥ 공그르기해요.

5. 길에 안감과 끈A를 달아요.

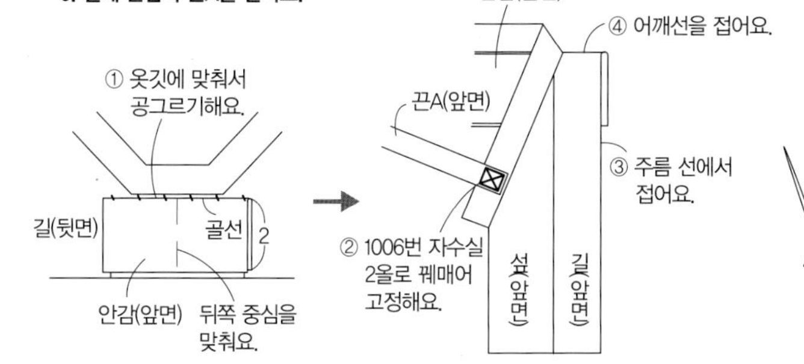

① 옷깃에 맞춰서 공그르기해요.
길(뒷면) 골선 2
안감(앞면) 뒤쪽 중심을 맞춰요.

④ 어깨선을 접어요.
안감(앞면)
끈A(앞면)
② 1006번 자수실 2올로 꿰매어 고정해요.
③ 주름 선에서 접어요.
섶(앞면) 길(앞면)

6. 소매를 만들어요.

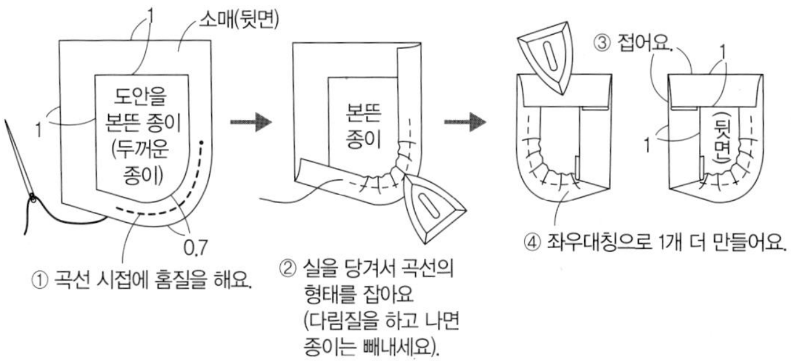

소매(뒷면) 1
① 곡선 시접에 홈질을 해요.
도안을 본뜬 종이 (두꺼운 종이) 0.7

본뜬 종이
② 실을 당겨서 곡선의 형태를 잡아요 (다림질을 하고 나면 종이는 빼내세요).

③ 접어요.
1 (뒷면) 1
④ 좌우대칭으로 1개 더 만들어요.

7. 옷자락을 만들어요.

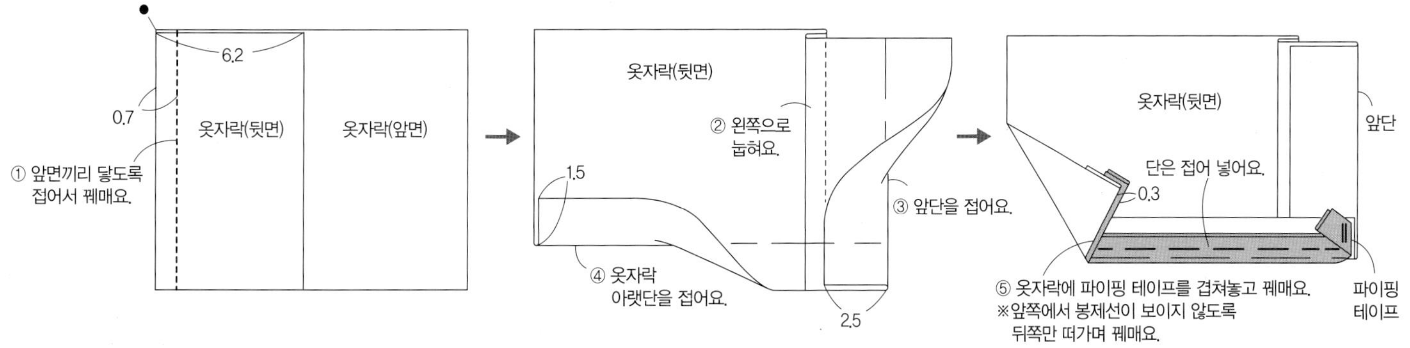

① 앞면끼리 닿도록 접어서 꿰매요.
0.7 6.2
옷자락(뒷면) 옷자락(앞면)

옷자락(뒷면)
② 왼쪽으로 눕혀요.
③ 앞단을 접어요.
④ 옷자락 아랫단을 접어요.
1.5 2.5

옷자락(뒷면) 앞단
단은 접어 넣어요.
0.3
⑤ 옷자락에 파이핑 테이프를 겹쳐놓고 꿰매요.
※앞쪽에서 봉제선이 보이지 않도록 뒤쪽만 떠가며 꿰매요.
파이핑 테이프

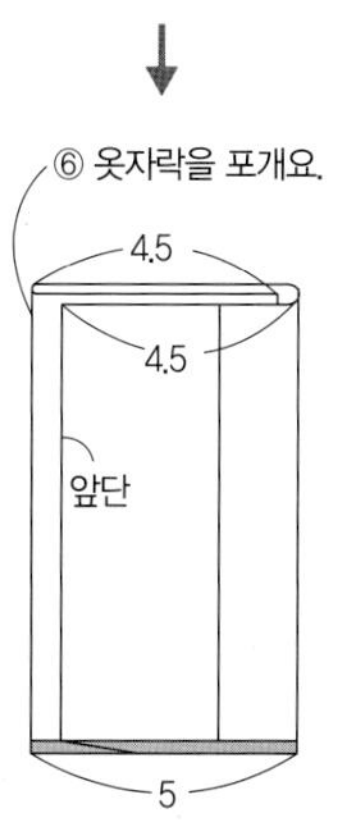

⑥ 옷자락을 포개요.
4.5 4.5
앞단
5

8. 기모노를 달고 수를 놓으세요.

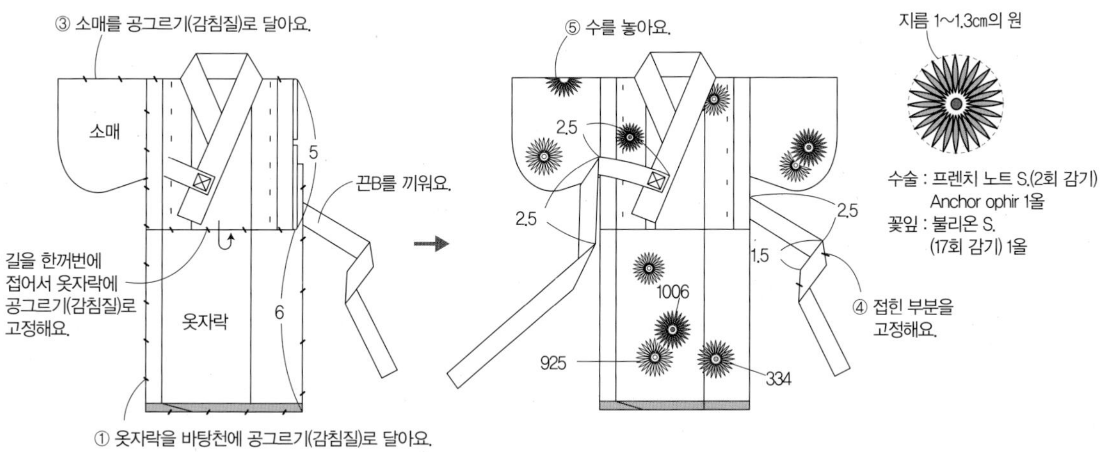

③ 소매를 공그르기(감침질)로 달아요.
소매
5
끈B를 끼워요.
② 길을 한꺼번에 접어서 옷자락에 공그르기(감침질)로 고정해요.
옷자락 6
① 옷자락을 바탕천에 공그르기(감침질)로 달아요.

⑤ 수를 놓아요.
2.5 2.5
2.5 1.5
1006
925 334
④ 접힌 부분을 고정해요.

지름 1~1.3cm의 원
수술 : 프렌치 노트 S.(2회 감기) Anchor ophir 1올
꽃잎 : 불리온 S. (17회 감기) 1올

Material Guide
자수실에 관하여

이 책에 사용한 Anchor 25번 면사와 Anchor ophir의 색상표를 소개합니다.
아름다우면서도 풍부한 색상의 Anchor 자수 실을 여러분의 작품에 응용해 보세요.

Anchor 25번 면사

소재 / 면 100%
길이 / 1타래 8m
색의 수 / 단색 444색, 농담 그러데이션 16색
가격 / 500~600원

Anchor 25번 면사 멀티 컬러

소재 / 면 100%
길이 / 1타래 8m
색의 수 / 24색
가격 / 약 1000원

25번 면사 색상표
단색

292	891	276	1011	1026	23	1020	869	130		
293	890	366	1012	1021	36	1016	870	131		
295	901	369	868	1022	38	1017	871	132		
305	308	370	9575	1023	42	1018	872	133		
297	309	371	1013	1024	40	968	873	134		
298	310	881	5975	1025	41	969	342	140		
288	306	347	1014	1015	39	970	108	142		
289	307	349	1010	6	59	972	109	143		
290	361	355	336	8	43	1029	1030	128		
291	311	357	337	9	44	66	110	129		
275	363	1047	338	10	48	68	111	145		
386	365	1048	339	11	49	69	112	146		
300	372	1049	341	13	50	70	117	147		
301	373	351	778	31	52	72	118	148		
302	374	352	882	33	54	103	119	149		
303	375	1009	883	35	1094	85	941	150		
304	944	933	884	1098	55	86	120	152		
313	942	378	880	46	57	87	121	1090		
314	943	379	4146	9046	60	88	122	433		
316	362	936	1008	47	62	89	123	1089		
925	367	358	914	19	63	95	127	410		
323	368	359	1007	20	65	96	939	1037		
328	1045	360	376	22	271	92	940	1096		
329	1046	380	892	24	73	94	175	343		
330	1002	381	893	25	74	90	176	920		
332	1001	382	894	26	75	97	177	921		
333	1003	1080	895	27	76	98	178	922		
334	324	1082	1027	28	77	99	144	1031		
335	326	1084	896	29	78	100	136	1032		
	1004	1086	1019	1006	1028	101	137	1033		
	340	1088	897	1005		102	139	1034		
				45				1035		
								1036		

Anchor ophir
소재 / 레이온 65%, 폴리에스테르 35%
길이 / 40m
색의 수 / 2색
가격 / 약 4000원

· 국내 인터넷 쇼핑몰이나 오프라인 십자수 가게, 동대문 등에서 쉽게 구매 가능합니다.
· 색의 가짓수와 가격은 2014년 6월을 기준으로 한 것입니다.
· 인쇄 상태에 따라 색이 다소 다르게 보일 수 있습니다.

농담 그러데이션 / 멀티 컬러 / Anchor ophir 색상표

						농담 그러데이션	멀티 컬러		Anchor ophir 색상표
975	1092	206		886	1	1217	1302	1300	300
976	185	208		945	2	1220	1304	1301	301
977	186	210		887	926				
978	187	211		888	387	1218	1305	1303	
979	188	212		889	388				
159	189	203		831	390	1202	1315	1316	
161	1070	204		832	391				
162	1072	209		898	392	1201	1320	1318	
164	1074	205		874	393				
160	1076	230		907	885	1204	1325	1342	
9159	1042	1043		277	956				
1038	875	240		906	830	1203	1335	1347	
1039	876	241		253	899				
158	877	242		254	903	1207	1344	1352	
928	878	243		255	904				
167	879	244		256	905	1206	1345	1353	
168	213	246		257	1050				
169	214	1044		258	900	1209	1349	1360	
170	215	225		278	1040				
1060	216	226		279	8581	1212	1355	1385	
1062	217	227		280	273				
1064	218	228		281	1041	1211	1375	1390	
1066	683	923		924	231				
1068	858	229		842	232	1210			
847	859	238		843	233				
274	860	239		844	234	1213			
848	861	245		845	235				
849	862	264		846	236	1215			
850	259	266		681	397				
779	260	265		852	398	1216			
851	261	267		853	399				
	262	268		854	400				
	263	269		855	401				
				856	403				

petite fleur
꽃 드레스 반짇고리함

Photo > PAGE 표지

사용한 실
꽃 드레스에 사용한 실은 p.14을 참조하세요.

부재료
겉감(흰색 리넨)…폭 60cm×20cm
배색 천(보라색×흰색 스트라이프)…폭 75cm×20cm
퀼트 심지…폭 15cm×10cm
두꺼운 종이…
　(두께 2mm)폭 15cm×20cm
　(두께 1.2mm)폭 40cm×10cm
　(두께 0.5mm)폭 40cm×15cm
　(도화지)폭 38.4cm×1.9cm
물 테이프(물을 묻혀야 접착력이 생기는 테이프로 인터넷 쇼핑몰
　에서 구입 가능)…폭 2.5cm×적당히
수예용 본드…적당히

※바늘집과 바늘방석 만드는 방법은 p.83에 있습니다.

[반짇고리함 만드는 방법]

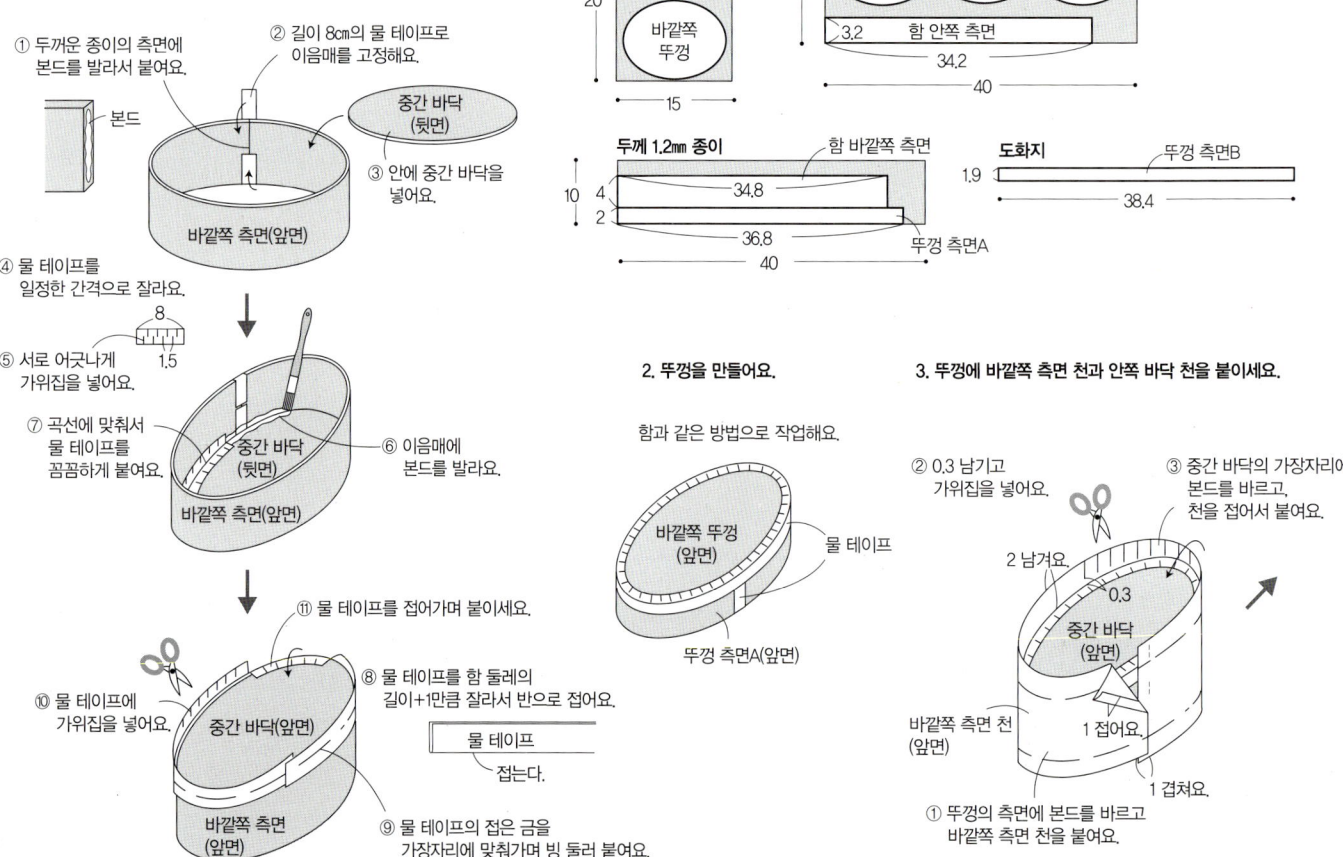

4. 함에 안쪽 측면 천과 바깥쪽 바닥 천을 붙이세요.

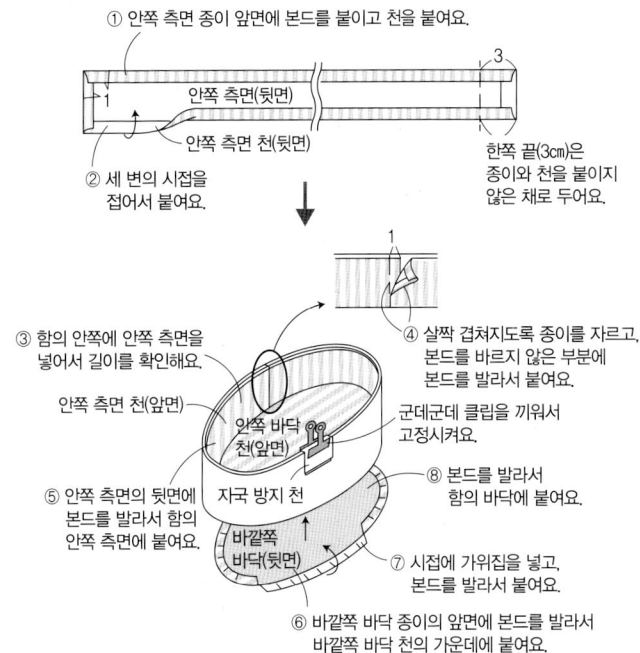

5. 퀼트심지를 끼워서 바깥쪽 뚜껑 천을 붙이세요.

6. 뚜껑에 측면 천을 붙이세요.

7. 뚜껑에 안쪽 뚜껑 천을 붙이세요.

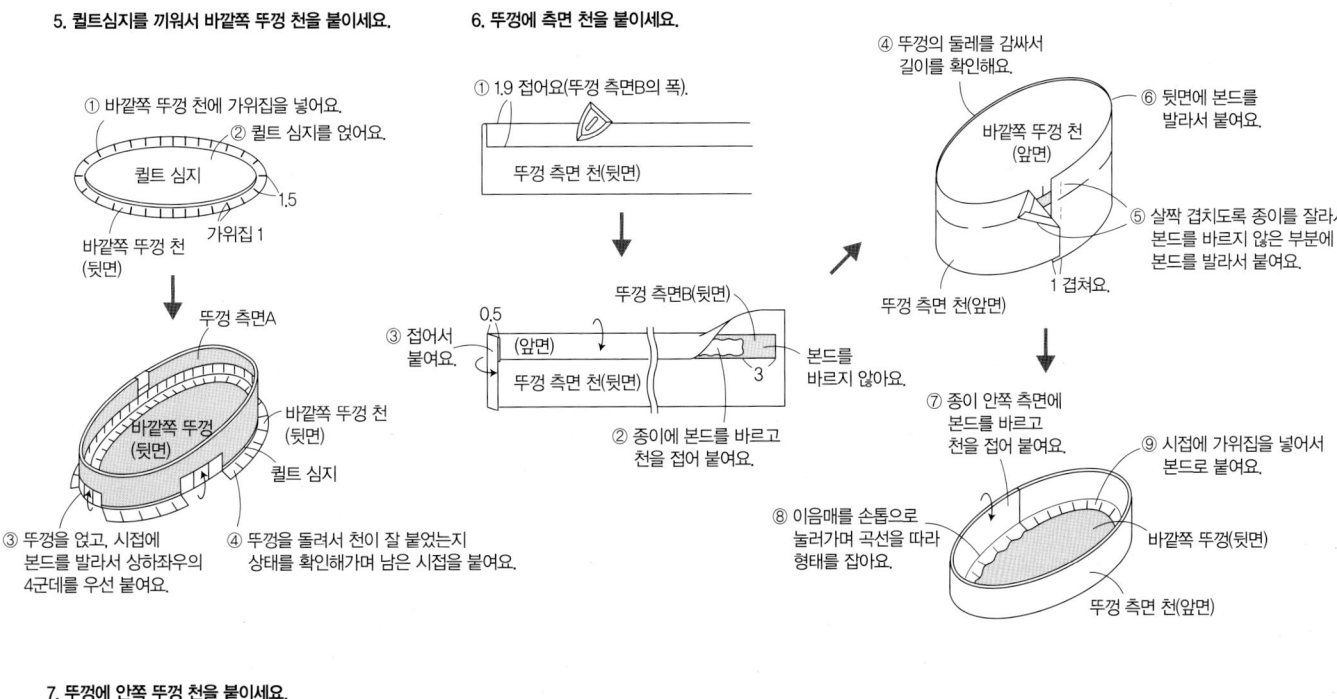

Basics
재료와 도구

실
'25번 면사'는 가는 실 6올이 1가닥으로 꼬여 있으므로 필요한 올 수만큼 1올씩 빼서 쓰세요. 광택이 있는 실은 Anchor Lame사와 Anchor 메탈릭사 등 여러 가지가 있는데, 이 책에서는 'Lame사'를 사용했어요. 수놓는 방법에 나와 있는 실의 올 수는 6올 중 지정한 올 수만큼 빼서 쓰라는 뜻이에요(25번 면사의 경우).

바늘
자수용 바늘은 일반 재봉 바늘보다 바늘귀가 커서 실을 꿰기가 쉬워요. 또한 바늘 끝이 뾰족한 '프랑스 자수 바늘'은 3~10호까지 굵기가 다양한데, 번호가 클수록 바늘이 가늘어요. 사용하는 실의 올 수에 따라 적당한 굵기의 바늘을 골라서 쓰세요.

25번 면사
Lame사

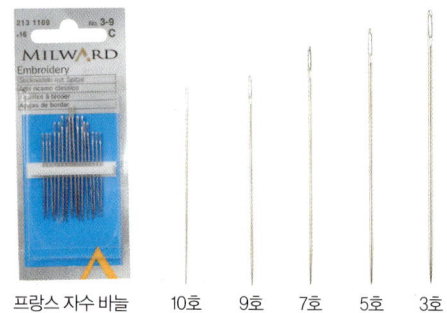
프랑스 자수 바늘 10호 9호 7호 5호 3호

가위
자수실을 자를 때는 끝이 뾰족한 실 전용 가위를 사용하면 편리해요. 스미르나 스티치의 모양을 정리하거나 아플리케의 가위집을 넣는 등 섬세한 작업을 할 때도 이런 작은 가위가 더 쓰기 좋습니다. 천을 자를 때는 재단용 가위를 사용하세요. 재단용 가위는 천을 자를 때만 써야지 다른 용도에 사용하면 날이 무뎌집니다.

천
이 책에서는 모두 리넨을 사용했어요. 면이나 울 등 다른 천에도 수를 놓을 수는 있지만, 일반적으로 평직으로 짠 천이 수를 놓기 쉽습니다. 단, 리넨은 구김이 가기 쉬우므로 수를 다 놓으면 천의 뒤쪽에서 가볍게 증기를 쐬어주면서 다림질을 해주세요.

실 전용 가위
재단용 가위

도안 옮기기
천에 도안을 옮겨 그릴 때는 먹지와 트레이싱 페이퍼를 사용하세요. 밝은 색상의 천에는 회색 초크 페이퍼를 사용하면 편리해요. 도안을 덧그릴 때는 전용 샤프펜슬이나 패브릭 마커가 쓰기 좋습니다. 이런 펜들은 전용 지우개나 물로 쉽게 지울 수 있으니 하나쯤 마련해 두면 좋아요.

자수틀
자수틀은 2개의 둥근 틀 안에 천을 끼우고 꽉 조여서 사용해요. 자수틀이 없어도 수를 놓을 수는 있어요. 그렇지만 새틴처럼 일정한 간격으로 수를 놓거나 넓은 면적을 수놓을 때는 자수틀을 사용해야 더 편리하고 완성했을 때도 훨씬 예쁩답니다. 자수틀은 도안의 크기에 따라 적당한 것을 고르세요. 보통 지름 10cm 전후가 손을 쓰기 편합니다.

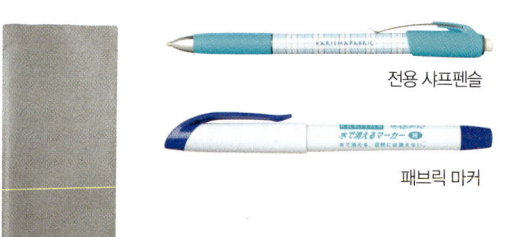
전용 샤프펜슬
패브릭 마커
초크페이퍼

자수틀

기본테크닉

도안 베끼는 방법
예쁘게 수를 놓고 싶다면 도안부터 정확하게 그려야 해요. 트레이싱 페이퍼가 움직이지 않도록 핀이나 테이프로 고정해 놓고 꼼꼼하게 따라 그리세요.

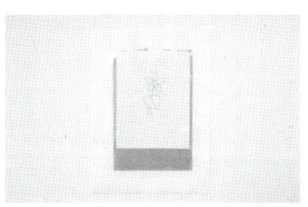

1 천 위에 단면 초크페이퍼의 초크 면이 밑으로 가도록 놓으세요.

2 도안을 베낀 트레이싱페이퍼와 셀로판지를 겹쳐 놓으세요. 셀로판지는 펜이 잘 미끄러지게 하며, 도안을 보호하는 역할도 합니다.

3 연필이나 볼펜으로 도안을 따라 그리세요.

4 누락된 곳이나 선이 너무 희미한 곳은 전용 펜으로 덧그리세요.

25번 면사 다루는 방법
색상 번호가 기재된 라벨은 실을 다시 구입할 때 꼭 필요하니 절대로 버리지 마세요.

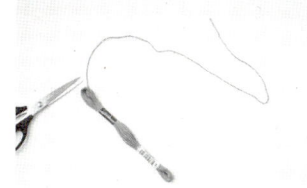

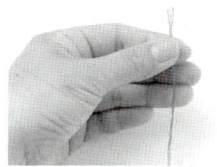
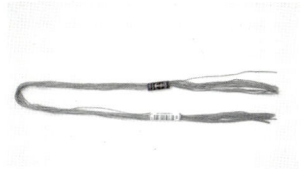

1 자수실의 라벨을 가볍게 누르면서 실 끝을 살짝 끄집어내어 40~50cm의 길이로 자르세요.

2 실 끝을 풀어서 가는 실을 1올만 잡아 당기세요.

3 필요한 올 수만큼 빼서 가지런히 합치세요. 6올을 모두 사용할 때도 반드시 1올씩 빼서 합쳐야 해요.

4 자주 사용하는 색은 실패에 감거나 처음부터 12등분으로 잘라 두면 편리해요. 자른 실을 세 가닥으로 땋아 두면 실이 엉키지 않아서 좋습니다.

Lame사 다루는 방법
일반적으로는 1가닥을 그대로 쓰지만 이 책에서는 1가닥을 풀어서(3올) 더 가는 실을 사용하는 작품도 있어요.

실을 꿰는 방법
이 방법을 쓰면 여러 올의 실을 바늘귀에 쉽게 꿸 수 있어요.

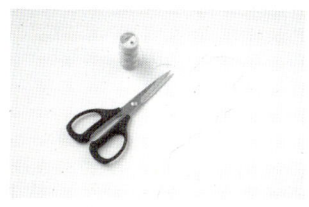
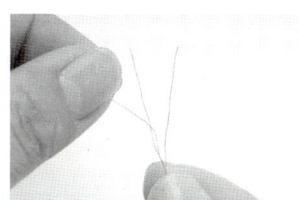
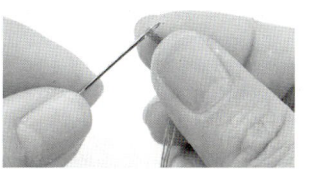
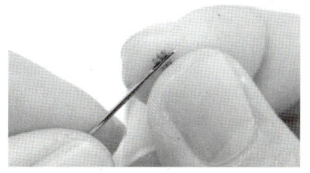

1 40~50cm의 길이로 자르세요. Lame사는 닳아서 끊어지기 쉬우므로 길이를 짧게 잡아야 완성했을 때 깔끔해요.

2 실 끝의 꼬임을 풀어서 가는 실을 1올씩 잡아당기세요. 이 실을 1올 또는 지정한 수대로 합쳐서 사용하세요.

1 바늘 옆면에 실을 걸어서 접으세요. 손가락으로 접힌 부분을 잡은 상태로 바늘을 빼내요.

2 실에 바늘을 가까이 대고, 실의 접힌 부분을 바늘귀에 넣으세요. 그 상태로 10cm 정도 빼내세요.

실 끝 정리
자수를 시작하고 끝낼 때는 굵은 매듭을 짓지 않고 실 끝을 5~6cm 남겨서 천 뒤쪽에 휘감아 주세요.

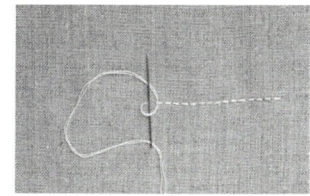
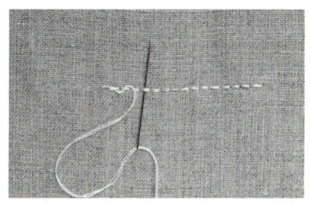
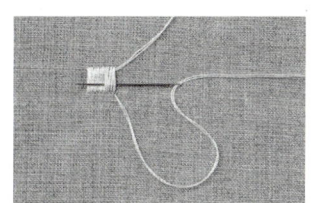

1 천 뒤쪽에서 마지막 땀에 바늘을 넣고, 그 상태로 실을 둥글게 돌려 바늘을 빼내세요.

2 남은 실을 스티치 뒤쪽에 휘감고, 여분의 실은 자르세요.

3 새틴 스티치는 스티치 뒤쪽에 바늘을 꿰어 한 땀 뜨세요.

4 박음질을 하듯 바늘을 되돌려서 또 한 땀을 뜨고, 이 과정을 몇 번 반복한 후에 여분의 실을 자르세요.

How to Stitch
책에 활용된 기본 스티치

이 책에서 활용한 스티치를 소개합니다.
실을 당길 때는 똑같은 힘으로 당겨야 합니다.

- 쉽게 알아볼 수 있도록 5번 사를 사용했습니다.
- 앞에서 도안을 설명할 때는 스티치(Stitch)를 S.로 줄여서 표기했습니다.

Back stitch
백 스티치

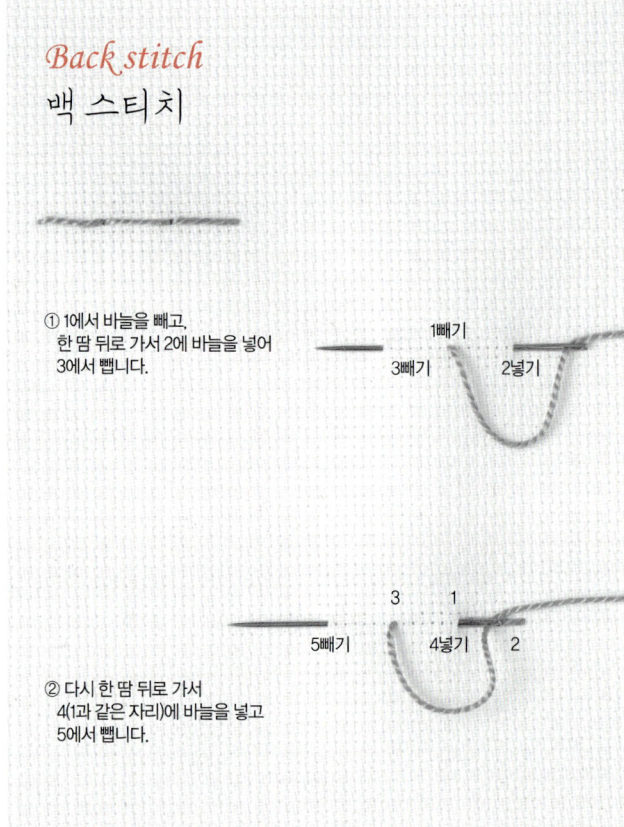

① 1에서 바늘을 빼고,
한 땀 뒤로 가서 2에 바늘을 넣어
3에서 뺍니다.

② 다시 한 땀 뒤로 가서
4(1과 같은 자리)에 바늘을 넣고
5에서 뺍니다.

Outline stitch
아웃라인 스티치

※왼쪽에서 오른쪽으로 진행하세요.

① 1에서 바늘을 빼고,
1에서 한 땀 전진한 2에 바늘을 넣은 뒤,
반 땀 되돌려서 3에서 바늘을 뺍니다.

② 다시 한 땀 전진한 4에
바늘을 넣고, 반 땀 되돌려서
5(2와 같은 자리)에서 바늘을 뺍니다.

Couching stitch
카우칭 스티치

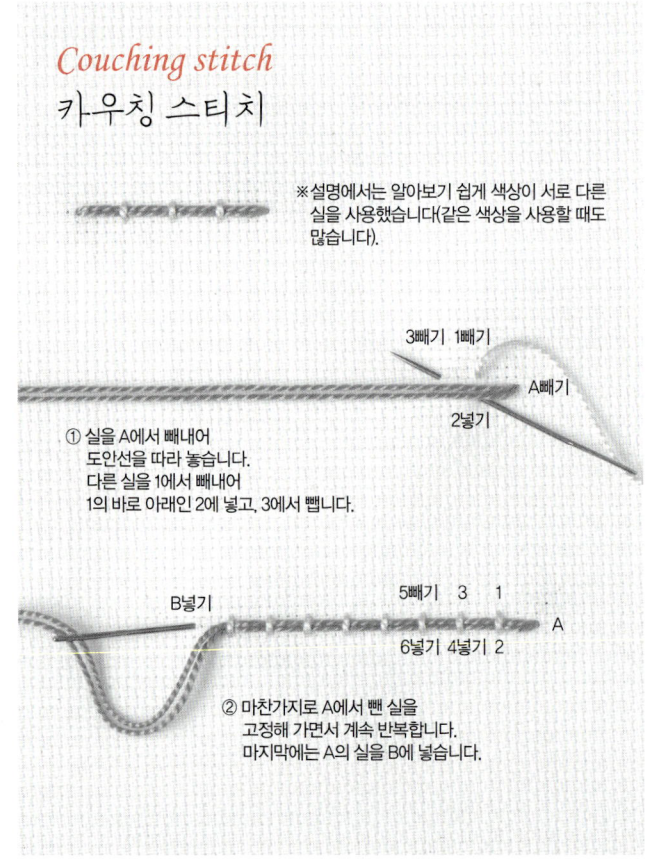

※설명에서는 알아보기 쉽게 색상이 서로 다른
실을 사용했습니다(같은 색상을 사용할 때도
많습니다).

① 실을 A에서 빼내어
도안선을 따라 놓습니다.
다른 실을 1에서 빼내어
1의 바로 아래인 2에 넣고, 3에서 뺍니다.

② 마찬가지로 A에서 뺀 실을
고정해 가면서 계속 반복합니다.
마지막에는 A의 실을 B에 넣습니다.

Chain stitch
체인 스티치

① 1에서 바늘을 빼고, 2(1과 같은 곳)에 넣어서 3으로 빼냅니다. 바늘에 실을 걸고, 그 상태로 바늘을 빼냅니다.

② 다시 4~5로 바늘을 빼고, 실을 건 상태로 바늘을 빼냅니다.

③ 마지막에는 8(7의 바로 앞)에 바늘을 넣습니다.

Straight stitch
스트레이트 스티치

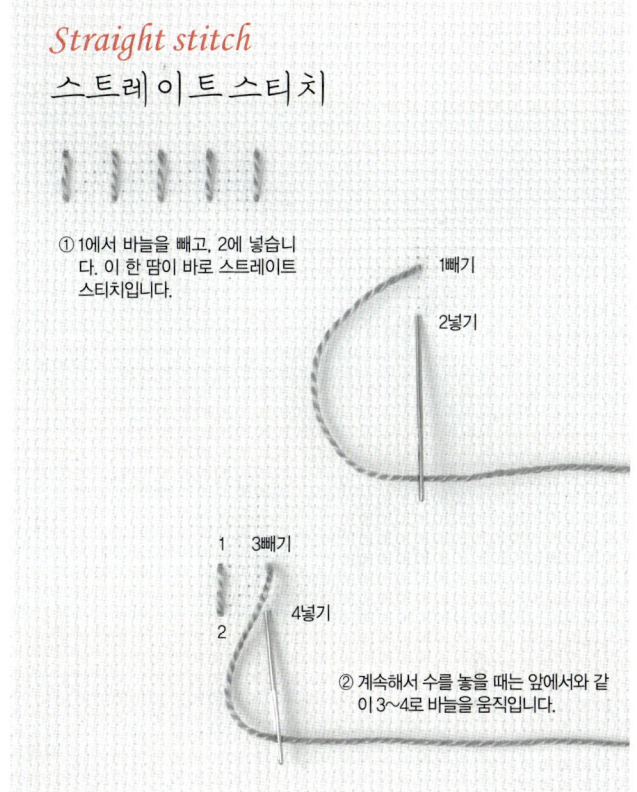

① 1에서 바늘을 빼고, 2에 넣습니다. 이 한 땀이 바로 스트레이트 스티치입니다.

② 계속해서 수를 놓을 때는 앞에서와 같이 3~4로 바늘을 움직입니다.

French knot stitch
프렌치 노트 스티치

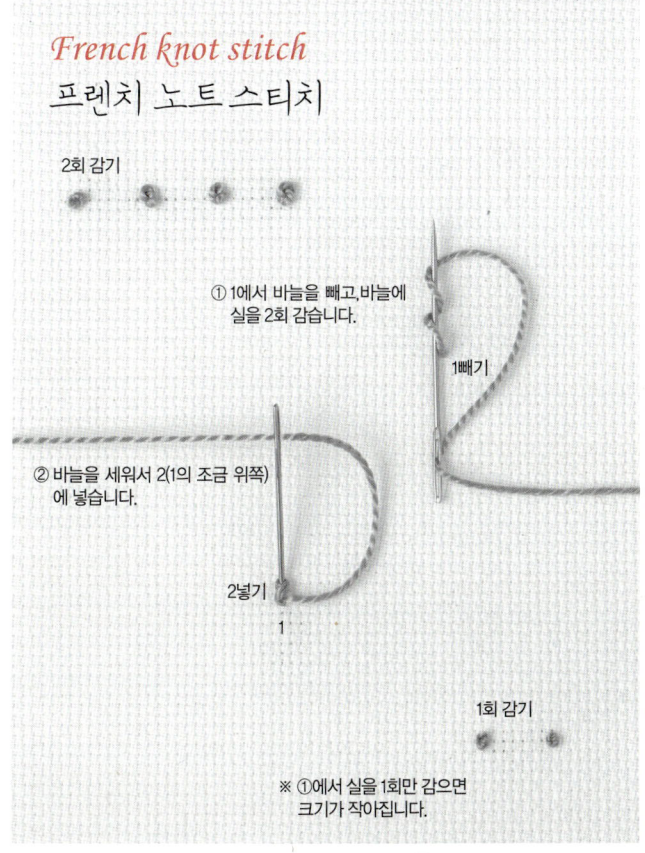

2회 감기

① 1에서 바늘을 빼고, 바늘에 실을 2회 감습니다.

② 바늘을 세워서 2(1의 조금 위쪽)에 넣습니다.

1회 감기

※ ①에서 실을 1회만 감으면 크기가 작아집니다.

German knot stitch
저먼 노트 스티치

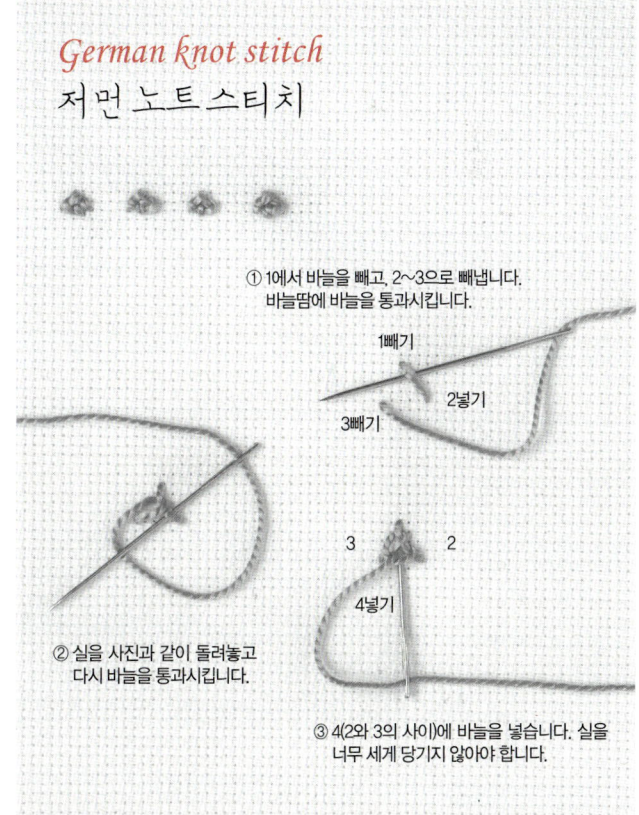

① 1에서 바늘을 빼고, 2~3으로 빼냅니다. 바늘땀에 바늘을 통과시킵니다.

② 실을 사진과 같이 돌려놓고 다시 바늘을 통과시킵니다.

③ 4(2와 3의 사이)에 바늘을 넣습니다. 실을 너무 세게 당기지 않아야 합니다.

Lazy daisy stitch
레이지 데이지 스티치

① 1에서 바늘을 빼고, 2(1과 같은 자리)에 넣어 3으로 뺍니다. 바늘에 실을 걸고, 바늘을 위로 빼냅니다.

② 4(3의 바로 앞)에 바늘을 넣습니다.

Fly stitch
플라이 스티치

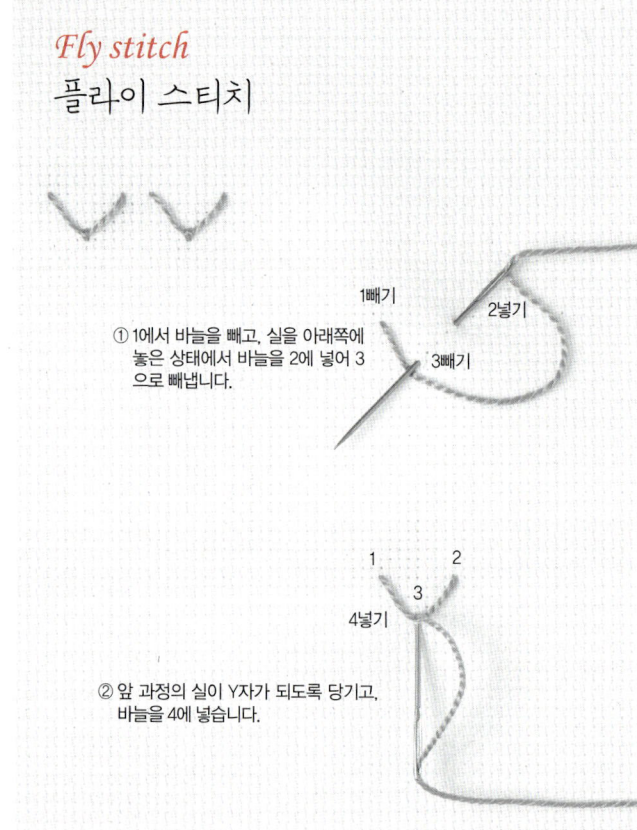

① 1에서 바늘을 빼고, 실을 아래쪽에 놓은 상태에서 바늘을 2에 넣어 3으로 뺍니다.

② 앞 과정의 실이 Y자가 되도록 당기고, 바늘을 4에 넣습니다.

Bullion stitch
불리온 스티치

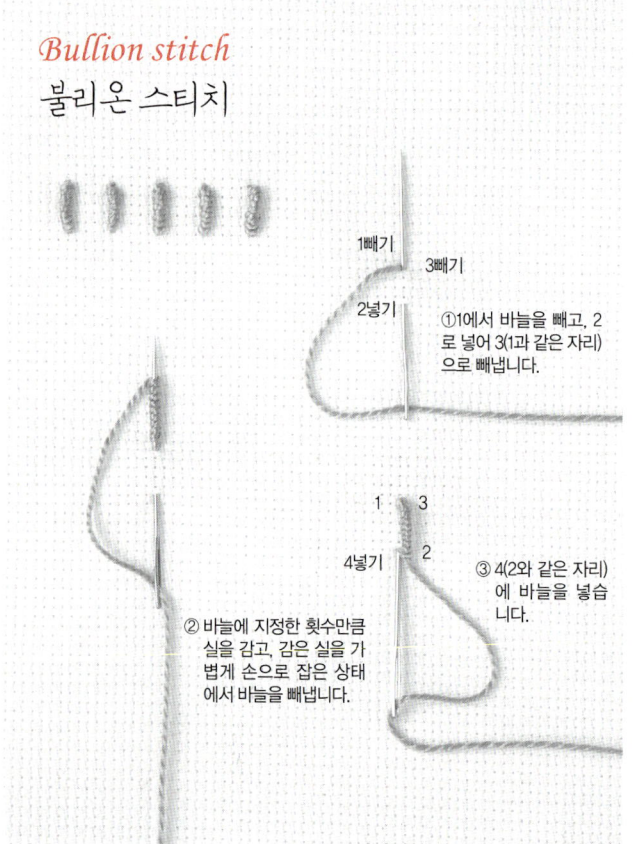

① 1에서 바늘을 빼고, 2로 넣어 3(1과 같은 자리)으로 뺍니다.

② 바늘에 지정한 횟수만큼 실을 감고, 감은 실을 가볍게 손으로 잡은 상태에서 바늘을 빼냅니다.

③ 4(2와 같은 자리)에 바늘을 넣습니다.

Buttonhole stitch
버튼홀 스티치

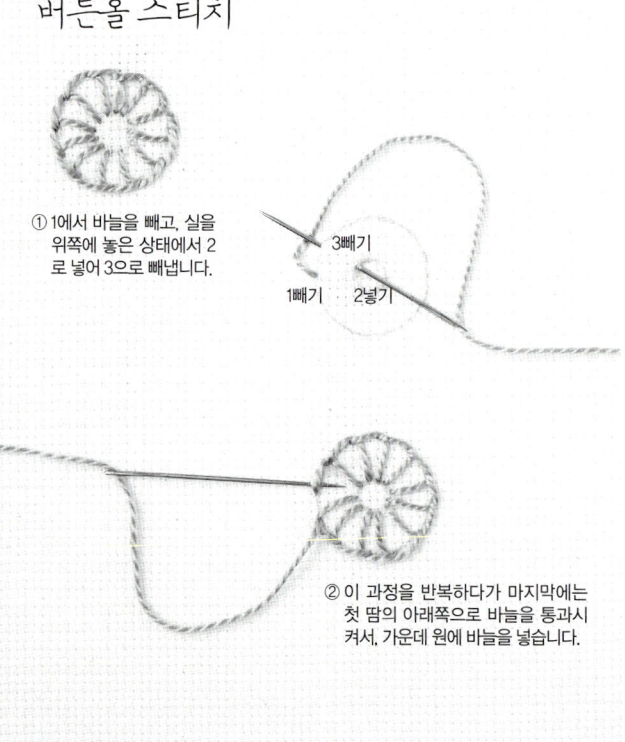

① 1에서 바늘을 빼고, 실을 위쪽에 놓은 상태에서 2로 넣어 3으로 빼냅니다.

② 이 과정을 반복하다가 마지막에는 첫 땀의 아래쪽으로 바늘을 통과시켜서, 가운데 원에 바늘을 넣습니다.

Satin stitch
새틴 스티치

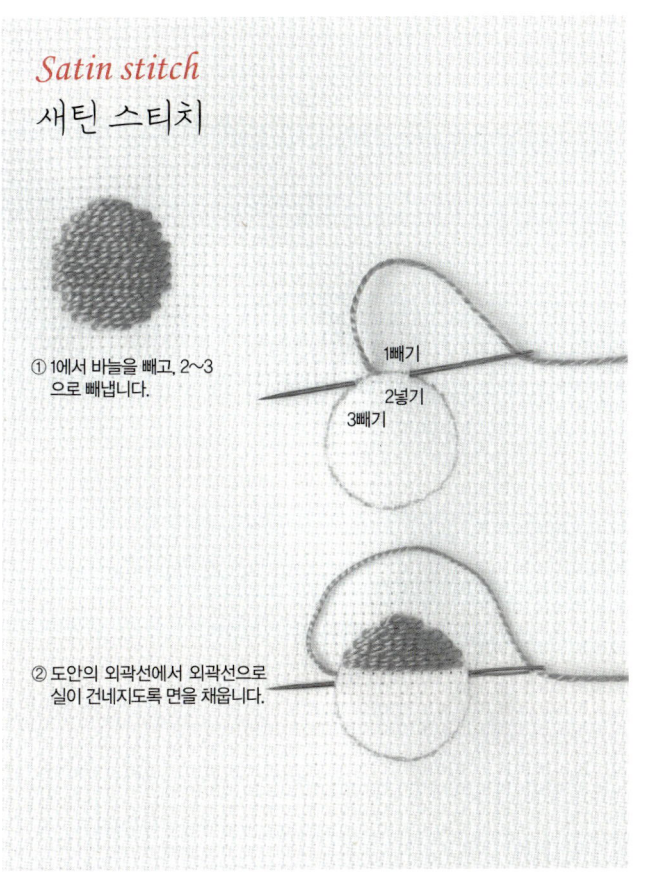

① 1에서 바늘을 빼고, 2~3으로 빼냅니다.

② 도안의 외곽선에서 외곽선으로 실이 건네지도록 면을 채웁니다.

Double satin stitch
더블새틴 스티치

① 도안의 외곽선 약간 안쪽으로 새틴 스티치(왼쪽 사진 참조)를 진행합니다.

② 앞 과정이 끝나면 이번에는 실의 방향을 바꾸어서 도안의 외곽선에 맞추어 다시 진행합니다.

Long and short stitch
롱앤드 쇼트 스티치

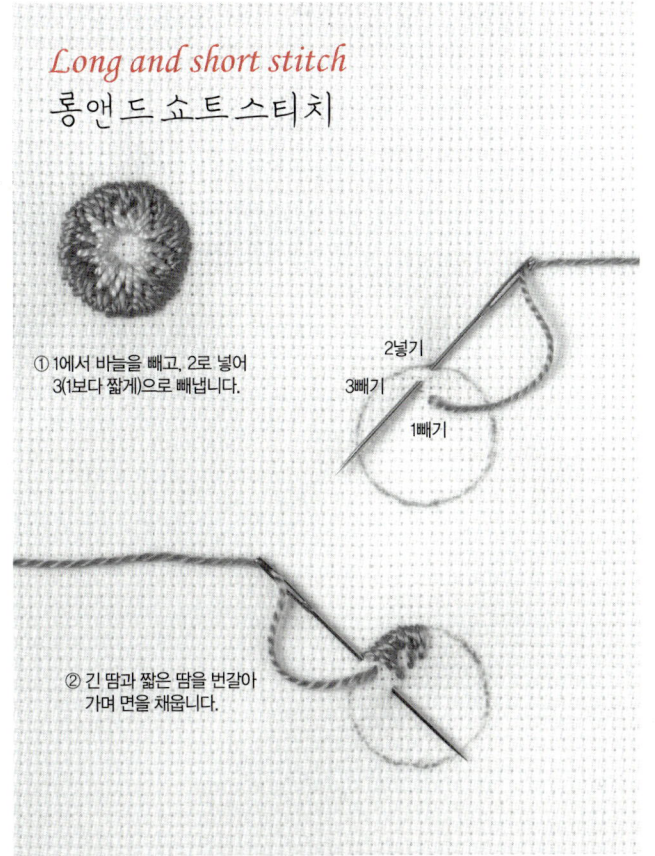

① 1에서 바늘을 빼고, 2로 넣어 3(1보다 짧게)으로 빼냅니다.

② 긴 땀과 짧은 땀을 번갈아 가며 면을 채웁니다.

Smyrna stitch
스미르나 스티치

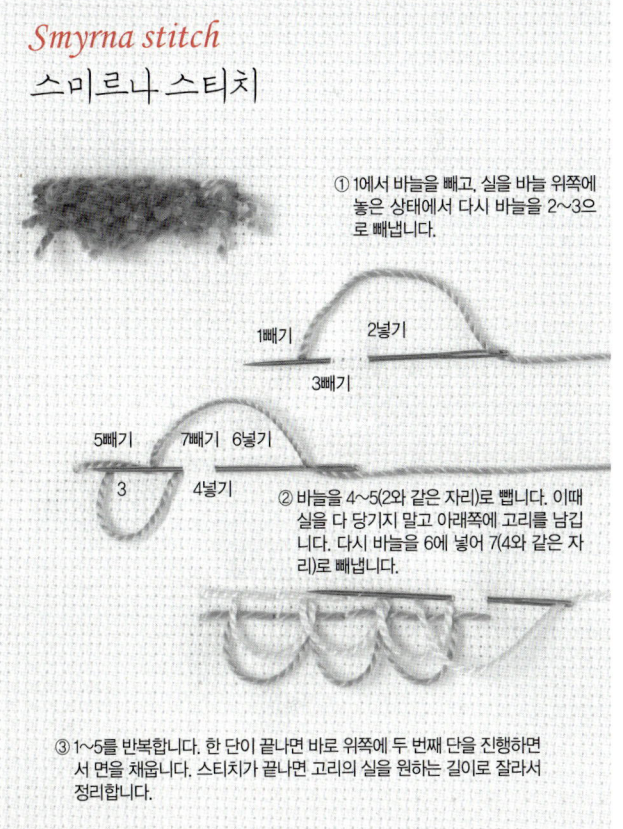

① 1에서 바늘을 빼고, 실을 바늘 위쪽에 놓은 상태에서 다시 바늘을 2~3으로 빼냅니다.

② 바늘을 4~5(2와 같은 자리)로 뺍니다. 이때 실을 다 당기지 말고 아래쪽에 고리를 남깁니다. 다시 바늘을 6에 넣어 7(4와 같은 자리)로 빼냅니다.

③ 1~5를 반복합니다. 한 단이 끝나면 바로 위쪽에 두 번째 단을 진행하면서 면을 채웁니다. 스티치가 끝나면 고리의 실을 원하는 길이로 잘라서 정리합니다.

그 밖의 스티치

*아래 스티치들은 p.47을 참조하세요.
· 둥글게 말아서 고정하기
· 불리온 데이지 스티치
· 불리온 로즈 스티치

Bullion daisy stitch
불리온 데이지 스티치

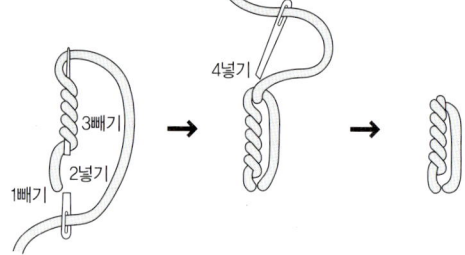

Oyster stitch
오이스터 스티치

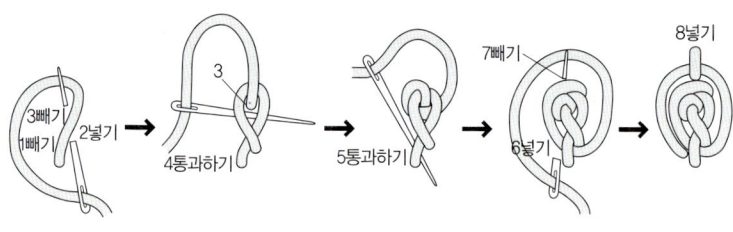

Whipped back stitch
휘프트 백 스티치

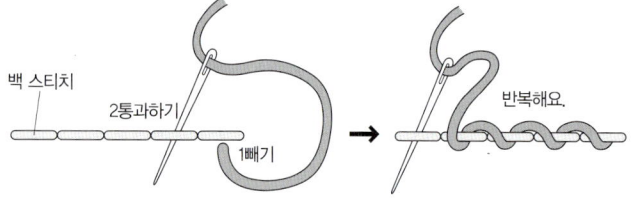

Basket stitch
바스켓 스티치

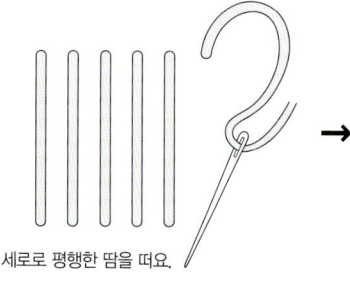
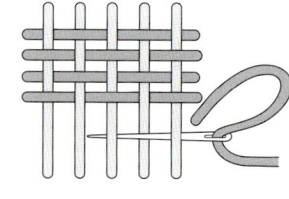

Spider web rose stitch
스파이더 웹 로즈 스티치

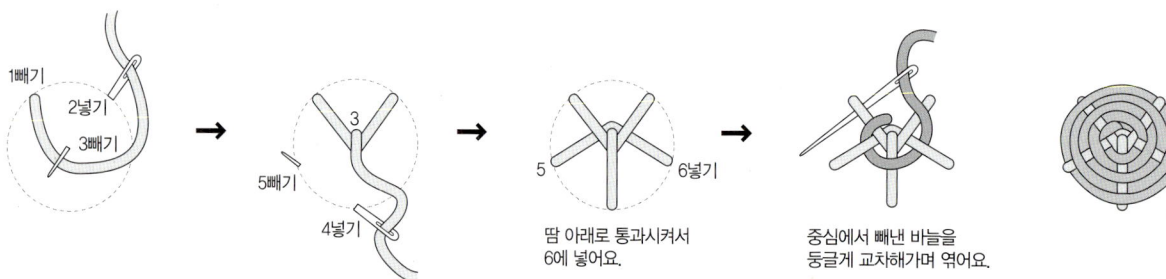

petite fleur
바늘집, 바늘방석

Photo > PAGE 표지

바늘집 재료
천(흰색의 리넨/바늘집)…15cm×18cm
펠트(바늘꽂이)…4cm×13cm
Anchor 25번 면사…보라색 계열(109)
접착 심지…7.5cm×18cm
※백에 사용하는 자수실은 p.14을 참조하세요.

바늘방석 재료
천(흰색 리넨/바늘방석)…12cm×5.5cm
리본…폭 0.8cm×28cm
Anchor 25번 면사…보라색 계열(109)
솜…적당히
※구두에 사용하는 자수실은 p.14을 참조하세요.

[바늘집 만드는 방법]

1. 수를 놓고 나서 천을 재단하세요.

2. 바늘집을 꿰매세요.

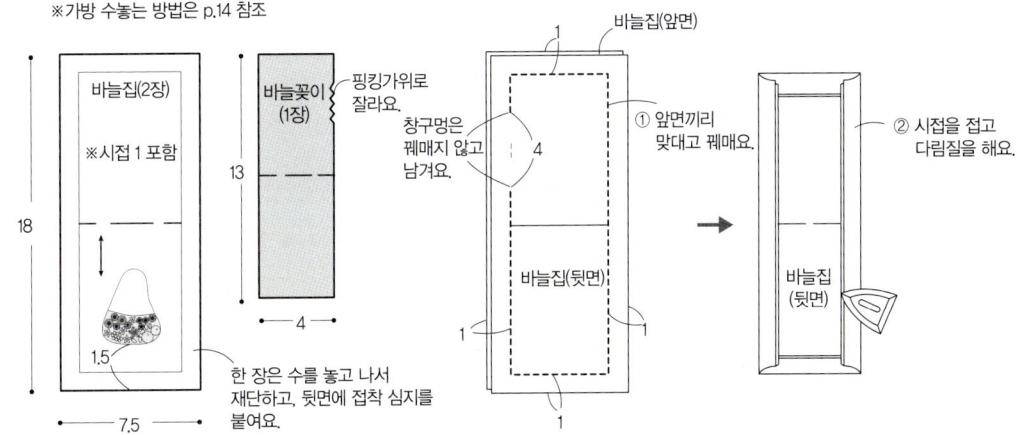

3. 바늘집을 마무리해요.

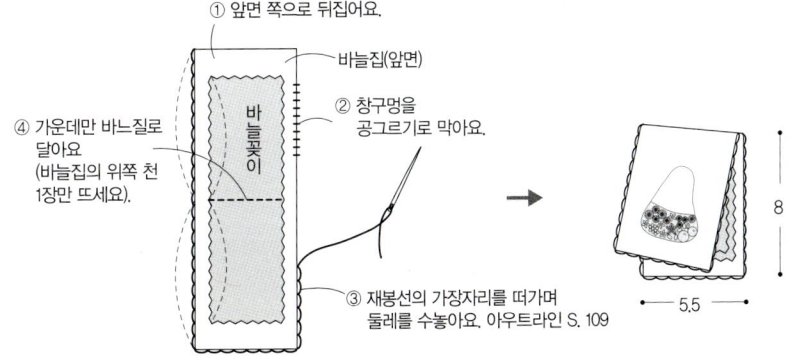

[바늘방석 만드는 방법]

1. 먼저 수를 놓고 나서 재단하세요.

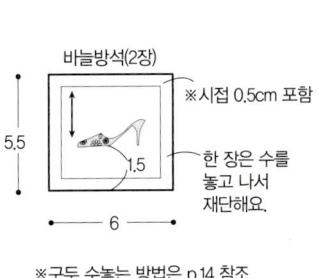

2. 바늘방석을 꿰매세요.

3. 바늘방석을 마무리해요.

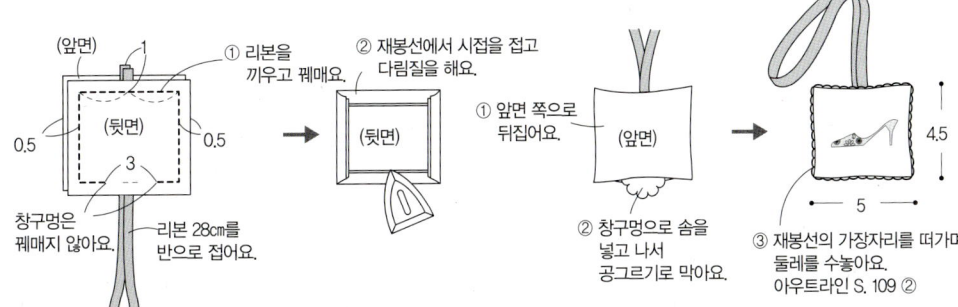

꽃 자수에 홀리다

초판 1쇄 발행 2015년 1월 2일
초판 6쇄 발행 2018년 6월 7일

지은이 모리 레이코
옮긴이 김현영
감수자 헬렌정(최수정)
펴낸이 김영조
콘텐츠기획팀 홍지은, 신수연
마케팅팀 이유섭, 배태욱
경영지원팀 정은진
외부스태프 디자인 ALL design group
펴낸곳 싸이프레스
주소 서울시 마포구 양화로7길 4-13(서교동 392-31) 302호
전화 02-335-0385/0399
팩스 02-335-0397
이메일 cypressbook1@naver.com
홈페이지 www.cypressbook.co.kr
블로그 blog.naver.com/cypressbook1
포스트 post.naver.com/cypressbook1
페이스북 www.facebook.com/cypressbook
인스타그램 @cypress_book
출판등록 2009년 11월 3일 제2010-000105호

ISBN 978-89-97125-69-2 13630

· 이 책은 저작권법에 따라 보호를 받는 저작물이므로 무단 전재 및 무단 복제를 금합니다.
· 책값은 뒤표지에 있습니다.
· 파본은 구입하신 곳에서 교환해 드립니다.

이 도서의 국립중앙도서관 출판시도서목록(CIP)은 e-CIP홈페이지(http://www.nl.go.kr/cip.php)와 국가자료공동목록시스템(http://www.nl.go.kr/kolisnet)에서 이용하실 수 있습니다.(CIP 제어번호:2014037397)